조인트로
완성하는

팔다리가 움직이는
귀여운
손뜨개 인형

MIYUKI ICHIKAWA 지음 · **최유진** 옮김

Green Home

Contents

잉꼬 ··· p.4 / p.47

머리 30mm

토끼 ··· p.6 / p.49

머리 25mm
팔 16mm
다리 30mm

강아지 ··· p.8 / p.52

머리 30mm
다리 16mm

곰 ··· p.10 / p.54

머리 35mm
머리 45mm
팔, 다리 ✗

고양이 ··· p.12 / p.57

머리 45mm
팔
꼬리
다리 16mm

판다 ··· p.14 / p.60

머리 35mm
머리 45mm
팔, 다리
팔, 다리 20mm

해달 ··· p.16 / p.62

팔, 다리 16mm
머리 35mm

코알라 ... p.18 / p.44

팔 ll 머리 🟧 35mm 다리 🟧 16mm

코끼리 ... p.20 / p.64

코 Ⓠ 다리 🟧 16mm

로봇 ... p.22 / p.66

머리 🟧 45mm 팔 ll

비행기 ... p.24 / p.68

프로펠러 🟧 16mm

소녀 ... p.26 / p.70

머리 🟧 20mm 팔, 다리 ll Ⓠ

꼬마곰 ... p.28 / p.74

팔, 다리 ll

뜨개 인형 만들기에 필요한 도구와 재료 ••• p.30

코알라 만드는 방법 ••• p.32

코바늘 뜨기의 기초 ••• p.76

기호는 움직이기 위해 사용하는 도구를 나타낸다.

🟧 플라스틱 조인트(숫자는 사이즈)
ll 실 조인트
✕ 단추 조인트
Ⓠ 테크노트

Parakeet
잉꼬

움직이는 부분 ◇ 머리

만드는 방법 p.47

실_ 하마나카 피콜로

손바닥 크기의 왕관앵무와 녹색앵무.
고개를 이리저리 돌리며,
조잘조잘 즐거운 수다에 빠져있어요.

a b c

cheep chirp

Rabbit
토끼

움직이는 부분 ◇ 머리·팔·다리

만드는 방법 p.49

실_ 하마나카 아메리

앉아 있는 핑크 토끼는 당근을 얻어 신이 났어요.
엎드려 누운 회색 토끼는,
부러운 듯 그 모습을 가만히 바라봅니다.

7

Dog
강아지

움직이는 부분 ◇ 머리·다리

만드는 방법 p.52

실_ 하마나카 이토아
　　뜨개 인형이 뜨고 싶어지는 실

산책을 정말 좋아하는 두 마리의 닥스훈트.
냄새를 맡거나, 서로 장난을 치기도 하고,
잔디밭에 뒹굴기도 하면서,
즐겁게 놀고 있어요.

a

b

Bear
곰

움직이는 부분 ◇ 머리·팔·다리

만드는 방법 p.54

실_ a … 하마나카 러브보니
　　　 하마나카 피콜로
　　b … 하마나카 보니
　　　 하마나카 러브보니
　　　 하마나카 피콜로

곰 두 마리가 커플 반다나를 두르고 있어요.
팔다리를 움직일 수 있게 달아둔,
귀여운 단추도 잘 어울리네요.

a

b

Cat
고양이

움직이는 부분 ◇ 머리·팔·다리·꼬리

만드는 방법 p.57

실_ 하마나카 코토네 트위드
하마나카 피콜로

손님을 부르는 포즈의 고양이 두 마리는,
동그란 실타래를 정말 좋아합니다.
놀다 지쳤는지 어느새 바구니 안에 들어가,
사이좋게 낮잠을 자네요.

a

b

Panda
판다

움직이는 부분 ◇ 머리·팔·다리

만드는 방법 p.60

실_ 하마나카 아메리
　　하마나카 아메리 L(극태사)

사이좋은 엄마 판다와 아기 판다.
데굴데굴 구르면서 대나무로 장난치는 아기 판다를,
엄마 판다가 다정하게 지켜보고 있어요.

a

b

Sea otter
해달

움직이는 부분 ◇ 머리·팔·다리

만드는 방법 p.62

실_ 하마나카 소노모노 알파카 울(병태사)
　　하마나카 피콜로

헤엄을 잘 치는 해달은
바다 위를 둥실둥실 떠다녀요.
마음에 드는 조개를 배 위에 올려놓고
즐거워 보이네요.
귀여운 삼각형 코가 매력 포인트!

I want more clams...

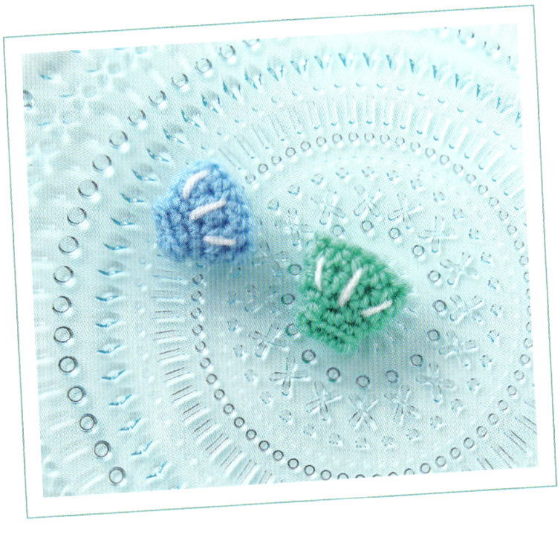

Koala
코알라

움직이는 부분 ◇ 머리·팔·다리

만드는 방법 p.44

실_ 하마나카 아메리

큰 귀와 코가 특징인 코알라는,
앉아 있는 모습이
포동포동 귀여운 아기 같아요.
나무 타기 포즈도 제법 그럴싸해요.

a　　　b

Elephant
코끼리

움직이는 부분 ◇ 코·다리

만드는 방법 p.64

실_ 하마나카 폼 베이비 컬러
하마나카 피콜로

등 위의 모티브가 멋진 코끼리는
기다란 코를 들어 인사합니다.
테크노로트(공예용 와이어)를 넣은 코는
서로 휘감거나, 사과를 들어올리는 등,
자유자재로 움직일 수 있어요.

a

b

Ta-dah!

Robot
로봇

움직이는 부분 ◇ 머리·팔

만드는 방법 p.66

실_ 하마나카 피콜로

일을 하는 건지 노는 건지,
블록을 쌓아올리느라 바쁜 로봇들.
열심히 움직이다 보니
배터리가 방전되었나 봐요.

★□●△
▼☆■…

I'M OUT OF
BATTERYYY...

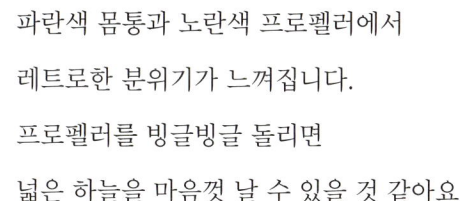

파란색 몸통과 노란색 프로펠러에서
레트로한 분위기가 느껴집니다.
프로펠러를 빙글빙글 돌리면
넓은 하늘을 마음껏 날 수 있을 것 같아요.

Doll
소녀

움직이는 부분 ◇ 머리·팔·다리

만드는 방법 p.70

실_ 하마나카 피콜로
하마나카 이토아
뜨개 인형이 뜨고 싶어지는 실

근사한 방에 사는 이 소녀는
예쁜 원피스를 입고 기분이 날아갈 것 같대요.
티셔츠와 바지도 만들어서,
옷을 갈아입히며 즐겁게 놀아요.

a

b

c

d

e

f

g

Small bear
꼬마곰

움직이는 부분 ◇ 팔·다리

만드는 방법 p.74

실_ 하마나카 이토아
뜨개 인형이 뜨고 싶어지는 실

작고 귀여운 꼬마곰들이
피아노 위에 올라가
건반을 두드리며 장난을 치고 있어요.
사람들 몰래, 즐거운 시간을 보내고 있답니다.

꼬마곰에 오링과 볼 체인을 달면 가방에 매달 수 있는 키링이 됩니다.
언제라도 함께 외출할 수 있어요.

뜨개 인형 만들기에 필요한 도구와 재료

뜨개 인형을 만들 때 필요한 주요 도구와 재료를 소개한다.

도구

코바늘
끝부분이 갈고리 모양인 뜨개바늘로, 실의 굵기에 따라 구분하여 사용한다.

돗바늘
끝이 뭉뚝한 바늘로 편물의 솔기를 잇거나 마무리할 때, 자수를 놓을 때 사용한다.

인형 바늘
긴 바늘로 인형의 각 부분을 꿰매서 붙일 때 사용한다.

뜨개용 시침핀
인형의 각 부분을 임시로 고정할 때나, 눈과 코의 위치를 표시할 때 사용한다.

핀셋
인형에 솜을 넣을 때 사용한다. 플라스틱 재질로, 팔이나 다리 같은 가느다란 부분에도 쉽게 솜을 넣을 수 있다.

송곳
인형에 솜을 골고루 채울 때나, 조인트, 눈, 코 등의 부속품을 꽂기 위해 편물의 구멍을 넓힐 때 사용한다.

스티치 마커
콧수를 세거나 뜨는 방법을 바꿀 때, 코에 걸어서 표시하기 위해 사용한다.

다용도 접착제
눈이나 코 등의 부속품을 붙일 때 사용한다.

재료

실
울, 아크릴, 면 등의 소재와 굵기, 색, 촉감 등을 작품에 맞게 선택한다.

 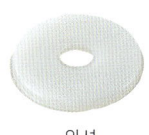 

디스크   와셔   스토퍼

플라스틱 조인트
뜨개 인형을 움직일 수 있도록 인형의 각 부분에 넣어서 사용한다. 3가지 부속품(디스크, 와셔, 스토퍼)이 1세트. 지름 16, 20, 25, 30, 35, 45mm가 있고, 작품에 따라 크기를 선택한다.

※ 부속품의 이름은 판매 사이트에 따라 조금씩 달라질 수 있다.

테크노로트
(H204-593)

원하는 모양으로 구부려서, 그 상태를 유지하게 해주는 와이어. 인형의 각 부분에 넣어서 움직일 수 있게 만든다.

수예용 솜
(네오크린 와타와타, H405-401)

인형 속에 넣어서 채우는 폴리에스테르 소재의 솜.

눈, 코 등의 부속품
접착제를 발라서 꽂는 종류와, 단추처럼 구멍이 있어서 실로 꿰매는 종류가 있다.

25번 자수실
얼굴에 수를 놓아 눈·코·입 등을 표현할 때 사용한다.

﹛ 코알라 만드는 방법 ﹜

코알라를 예로 뜨개 인형을 만드는 기술과 플라스틱 조인트, 실 조인트를 사용하는 방법을 설명하고, 팔다리를 움직이게 해주는 테크노로트 와이어 사용 방법도 소개한다.

＊이해하기 쉽게 일부 실의 색을 변경하였다.

재료

실

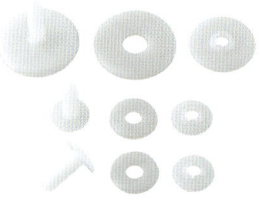

플라스틱 조인트
35mm 1세트, 16mm 2세트

수예용 솜

눈(1쌍)

다리 뜨기 《원형 시작코》

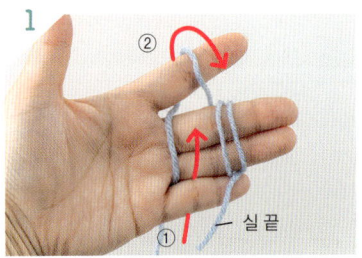

1 원형 시작코를 만든다. 새끼손가락과 약지 사이로 실을 빼내서(①), 검지손가락에 건다(②). 실이 중지와 약지 뒤를 지나도록 2바퀴 감은 뒤, 약지와 새끼손가락 사이로 실 끝을 잡는다.

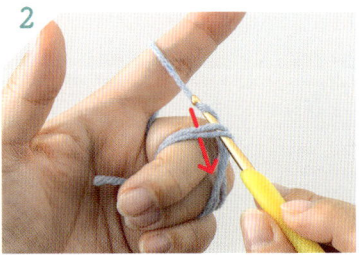

2 1의 상태에서 중지, 약지, 새끼손가락을 구부린 뒤, 걸려 있는 원형 시작코(2겹으로 이루어진 원) 안에 코바늘을 넣는다. 검지에 걸려 있는 실 아래에 코바늘을 걸고, 원 안으로 실을 끌어온다.

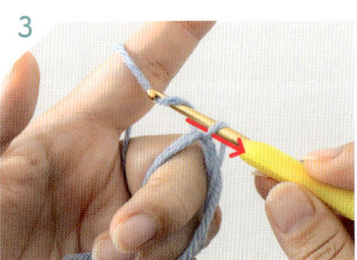

3 사슬뜨기로 기둥코를 뜬다. 코바늘에 실을 걸어서 빼낸다.

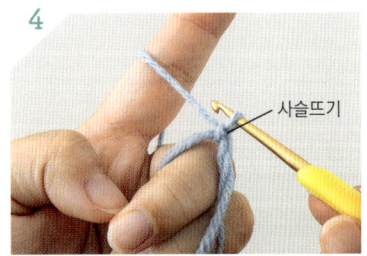

4 사슬뜨기로 기둥코를 뜬 모습.

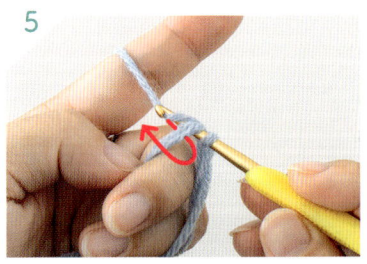

5 짧은뜨기를 뜬다. 원 안에 코바늘을 넣고 실을 걸어서 끌어온다.

6 원 안에서 실을 끌어온 모습.

7
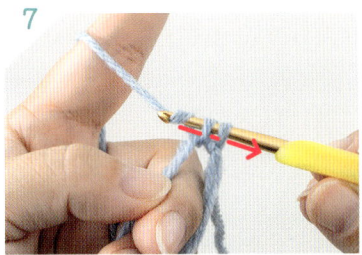
코바늘에 실을 걸어, 코바늘에 걸려 있는 고리 2개 사이로 한꺼번에 빼낸다.

8

짧은뜨기 1코를 뜬 모습.

9

5~8을 반복하여 짧은뜨기 6코를 뜬다. 코바늘에 걸려 있는 고리를 당겨서 크게 늘려둔다.

10

짧은뜨기 2째코를 잡고 실 끝을 당기면, 2가닥으로 이루어진 원에서 1가닥만 줄어든다. 줄어든 원만 잡아 시계방향으로 당긴다.

11

2가닥 중 1가닥이 줄어서 보이지 않게 된다.

12
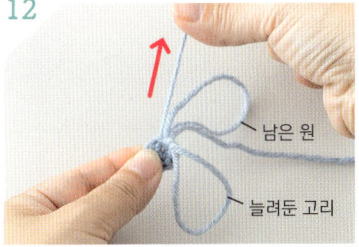
다시 실 끝을 당겨 남은 1가닥의 원을 줄인다.

13

2가닥이 모두 줄어든 모습. 늘려둔 고리에 다시 코바늘을 넣고, 실타래에 연결된 실을 당겨서 고리를 줄인다.

14

단이 끝날 때는 빼뜨기를 뜬다. 1째코의 머리 사슬에 코바늘을 넣어 실을 건다. 1째코와 고리 사이로 한꺼번에 빼낸다.

15

빼뜨기를 뜬 모습.

16

2째단을 뜬다. 코바늘에 실을 걸어서 기둥코인 사슬뜨기 1코를 뜬다. 계속해서 1째단 1째코의 머리 사슬에, 짧은뜨기를 2코 떠서 코늘림을 한다.

17

남은 코에도 짧은뜨기를 2코씩 떠서 총 12코를 뜬 뒤, 1째코의 머리 사슬에 코바늘을 넣어 빼뜨기를 뜬다.

18

도안(p.44)을 참조하여 6단까지 뜬다.

《다리에 디스크를 넣는 방법》

19

3째단과 4째단 사이에 플라스틱 조인트(16mm)의 디스크의 축을 꽂기 위해, 송곳으로 편물의 구멍을 넓혀둔다.

20

디스크
편물 안쪽에 디스크를 넣는다.

21

19에서 넓혀둔 구멍에 디스크의 축을 끼운다.

22

디스크의 축이 겉으로 나와 있는 모습.

23

안쪽에서 본 모습

《짧은뜨기 변형 2코 모아뜨기》

24

다리의 7째단을 뜬다. 기둥코인 사슬뜨기 1코와 짧은뜨기 1코를 뜬 뒤, 6째단 2째코 머리 사슬의 앞쪽 반 코(머리 사슬 2가닥 중 앞쪽 1가닥)를 줍고, 계속해서 3째코 머리 사슬의 앞쪽 반 코를 줍는다.

25

코바늘에 실을 걸고 24에서 주운 반 코 2개 사이로 빼낸다.

26

다시 코바늘에 실을 걸고, 2개의 고리 사이로 한꺼번에 빼낸다.

27

짧은뜨기 변형 2코 모아뜨기를 뜬 모습.

28

도안을 참조하여 7·8째단을 뜬다.

29

다 뜨면 실을 20cm 남기고 자르고, 코바늘에 걸려는 고리를 잡아당겨 실 끝을 빼낸다.

30

핀셋을 사용하여 솜을 빈틈없이 채운다.

31

실 끝을 돗바늘에 끼운다.

32

마지막 코 옆의 머리 사슬에, 안쪽에서 바깥쪽을 향해 돗바늘을 넣어 실을 빼낸다.

33

p.44의 도안을 참조하여 발을 떠서 다리에 붙인다. 발의 마지막 단 머리 사슬에 바깥쪽에서 안쪽을 향해 돗바늘을 넣은 뒤, 그대로 다리의 마지막 단 머리 사슬에 안쪽에서 바깥쪽을 향해 돗바늘을 넣는다.

《실 정리》

34

발의 실 끝을 편물 안에 넣고, 다리의 실을 당겨서 조인다. 같은 방법으로 나머지 머리 사슬도 감침질을 한다.

35

매듭을 짓는다. 편물이 갈라지지 않도록 돗바늘을 적당히 빼내서 실을 당긴다.

36

돗바늘을 편물 위에 대고 실을 3번 감는다. 감은 실을 누르면서 돗바늘을 위로 빼낸다.

37

매듭을 지은 모습.

38

매듭을 감추기 위해 실이 나온 구멍에 다시 돗바늘을 넣어, 조금 떨어진 구멍으로 빼낸다.

39

실 끝을 잡아당겨 매듭을 편물 안에 넣어서 숨긴다. 실이 나온 구멍에 다시 돗바늘을 넣고 조금 떨어진 구멍으로 빼내는 작업을 2~3번 반복한다.

40

편물 밖으로 나온 실을 바짝 자른다.

41
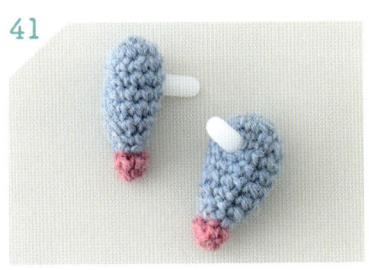
같은 것을 1개 더 만든다.

머리 뜨기 《머리에 디스크를 넣는 방법》

1

p.45의 도안을 참조하여 머리를 뜬다. 마지막 단의 바로 아랫단까지 뜬 다음, 핀셋을 사용하여 솜을 꼼꼼히 채워 넣는다.

2

플라스틱 조인트(35㎜)의 디스크를 평평한 부분이 아래로 가도록 편물 안에 넣는다.

3

디스크를 편물 안에 넣는 모습. 입구가 작기 때문에 디스크를 옆으로 기울여서 넣는다.

4

디스크를 넣은 모습.

5

마지막 단을 짧은뜨기 변형 2코 모아뜨기로 뜬다.

6

마지막 단까지 뜬 모습. 실을 20㎝ 정도 남기고 자르고, 실 끝을 빼내어 돗바늘에 끼운다. p.35의 32와 같은 방법으로, 마지막 코 옆의 머리 사슬에 바깥쪽을 향해 돗바늘을 넣어 실을 통과시킨다.

《조여서 막기》

7

옆 코의 머리 사슬 앞쪽 반 코를 바깥쪽에서 안쪽으로 줍는다.

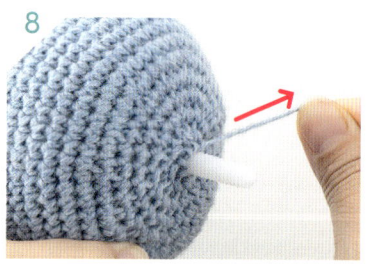

8

같은 방법으로 남은 코를 모두 줍고, 실을 당겨서 조인다.

9

p.35의 35~40과 같은 방법으로 실을 정리하여 마무리한다.

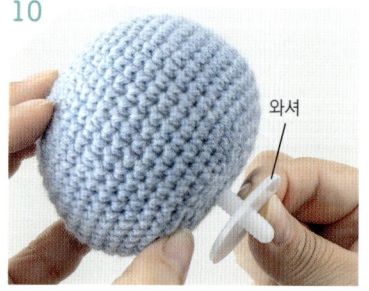

10

머리에 넣은 디스크의 축(튀어나온 부분)에, 지름 35㎜ 와셔를 끼운다.

11

계속해서 지름 35㎜ 스토퍼를 디스크의 축에 끼운다.

12

와셔와 스토퍼를 눌러서 밀어 넣는다. 이때 머리와의 사이에 틈을 조금 남겨둔다.

귀 뜨기

1

사슬뜨기로 시작코를 떠서 안쪽 귀를 뜬다. 사슬뜨기를 6코 뜨고, 기둥코인 사슬뜨기 2코를 더 뜬다.

2

긴뜨기를 뜬다. 시작코를 뒤집어서 코바늘에 실을 걸고, 3째코의 사슬 뒷산에 코바늘을 넣는다.

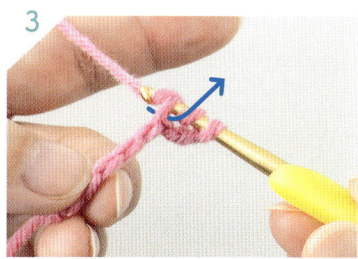

3

다시 코바늘에 실을 걸고, 사진처럼 화살표 방향으로 빼낸다.

4

코바늘에 실을 걸어 코바늘에 걸려 있는 3개의 고리 사이로 한꺼번에 빼낸다.

5

긴뜨기 1코를 뜬 모습. 같은 방법으로 긴뜨기를 1코 더 뜬다.

6

1길긴뜨기를 뜬다. 코바늘에 실을 걸어 다음 사슬 뒷산에 코바늘을 넣는다.

7

다시 코바늘에 실을 걸어, 사진처럼 화살표 방향으로 빼낸다.

8

코바늘에 실을 걸어, 걸려 있는 3개의 고리 중 왼쪽 2개 사이로 한꺼번에 빼낸다.

9

다시 코바늘에 실을 걸어, 걸려 있는 2개의 고리 사이로 한꺼번에 빼낸다.

10

1길긴뜨기 1코를 뜬 모습.

11

p.46의 도안을 참조하여 안쪽 귀를 뜬다. 다 뜨고 나면, 실을 10㎝ 정도 남기고 자른다. 실 끝을 잡아당겨 빼낸다.

12

실 끝을 돗바늘에 끼우고, 편물을 뒤집어 코의 다리 아래로 바늘을 통과시켜 실이 보이지 않게 정리한 뒤 바짝 자른다. 시작 부분의 실 끝도 같은 방법으로 보이지 않게 정리한다.

13 같은 방법으로 바깥쪽 귀 1째단을 뜬다.

14 기둥코인 사슬뜨기 1코를 뜨고, 안쪽 귀를 위에 겹쳐서 가장자리뜨기를 뜬다. 안쪽 귀와 바깥쪽 귀의 사슬 반 코(뒤쪽 1가닥)에 코바늘을 넣는다.

15 안쪽 귀와 바깥쪽 귀의 사슬 반 코(뒤쪽 1가닥)에 코바늘을 넣은 모습. 코바늘에 실을 걸어서 짧은뜨기를 뜬다.

16 짧은뜨기를 뜬 모습. 옆 코에도 같은 방법으로 짧은뜨기를 뜬다.

17 짧은뜨기 2코를 뜬 모습.

18 안쪽 귀와 바깥쪽 귀의 1째단 긴뜨기 코의 머리 사슬에, 코바늘을 넣어 짧은뜨기를 뜬다.

19 같은 방법으로 가장자리뜨기 1째단을 뜬다.

《사슬 2코 피코뜨기》

20 편물을 뒤집어 가장자리뜨기 2째단을 뜬다. 기둥코인 사슬뜨기 1코와 짧은뜨기 1코를 뜬다.

21 사슬뜨기 2코를 뜨고, 받침코의 머리 사슬 반 코와 왼쪽 다리에 코바늘을 넣는다.

22 코바늘을 넣은 모습. 코바늘에 실을 걸어 한꺼번에 빼낸다.

23 실을 빼내서 사슬 2코 피코뜨기를 뜬 모습.

24 남은 코에도 사슬 2코 피코뜨기를 뜨고, 다 뜬 뒤 실을 20㎝ 정도 남기고 잘라서 실 끝을 빼낸다.

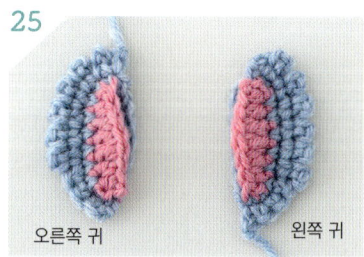
25 같은 방법으로 양쪽 귀를 완성한 모습. 왼쪽 귀인지 오른쪽 귀인지에 따라, 가장자리뜨기 2째단이 달라지므로 주의한다.

오른쪽 귀   왼쪽 귀

38

🏷️ 팔 뜨기   《실 색을 바꾸는 방법》

1

2

3

팔을 2째단까지 뜨고, 마지막 짧은뜨기가 완성되기 직전 상태(1번 더 실을 감아 빼내면 완성되는 상태)에서 다음 단의 실(하늘색)을 편물의 뒤쪽에 두고, 코바늘에 실을 걸어서 걸려 있는 2개의 고리 사이로 한꺼번에 빼낸다.

실 색이 바뀌었다. 2째단 1째코의 머리 사슬에 바늘을 넣고 빼뜨기를 뜬다.

빼뜨기를 뜬 모습.

4

5

다 뜬 분홍색 실을 10cm 정도 남기고 자르고, 실 끝끼리 2번 감아서 묶는다. 다시 2번 감아서 단단히 묶고, 실 끝을 1cm 정도 남기고 자른다.

도안을 참조하여 남은 단을 뜬 뒤, 실을 20cm 남기고 자른다. 같은 것을 2개 만든다.

🏷️ 몸통에 다리 달기   《조인트로 몸통에 다리를 연결하는 방법》

1

2

3

p.45의 도안을 참조하여 몸통을 마지막 단 바로 아랫단까지 뜨고, 실을 남겨둔다. 5째단과 6째단 사이에 안쪽에서 송곳을 넣어, 조인트를 넣을 구멍을 넓혀둔다.

다리 디스크의 축을 몸통에 꽂는다.

다리 디스크의 축을 꽂은 채로 몸통을 뒤집고, 16mm 와셔를 디스크의 축에 끼운다.

4

5

6

계속해서 16mm 스토퍼를 끼운다.

손가락으로 와셔와 스토퍼를 눌러서 고정시킨다. 이때 딸깍하는 소리가 난다.

고정되면 디스크의 축이 보인다.

7

몸통을 겉면이 밖으로 나오게 뒤집어서 확인한다. 다리와 몸통 사이에 틈이 있으면 조인트를 1단계 더 눌러서 틈을 없앤다.

8

나머지 다리도 같은 방법으로 몸통에 연결한다.

9

1에서 남겨둔 실로 마지막 단을 뜬다. 다 뜨면 실을 30㎝ 정도 남기고 자르고, 실 끝을 당겨서 빼낸다.

코, 가슴털 뜨기

도안을 참조하여 코와 가슴털을 뜬다. 각 부분을 모두 뜬 모습.

몸통에 머리 달기 《조인트로 몸통에 머리를 연결하는 방법》

1. 핀셋을 사용하여 몸통에 솜을 꼼꼼히 채운다.

2. 조인트를 넣을 윗부분은 솜을 살짝 눌러서 오목하게 만든다.

3. 몸통을 조여서 막을 준비를 한다. 실 끝을 돗바늘에 끼우고, 머리 사슬의 앞쪽 반 코를 바깥쪽에서 안쪽으로 줍는다(화살표 방향).

4. 코를 전부 주운 모습. 아직 조이지 않는다.

5. 머리의 조인트를 몸통에 밀어 넣는다.

6. 몸통에 조인트를 밀어 넣은 모습.

7. 몸통의 실을 당겨서 조인다.

8. 실을 편물 밖으로 통과시켜서 정리한다.

9. 머리와 몸통을 손가락으로 눌러서, 와셔와 스토퍼를 끼운다.

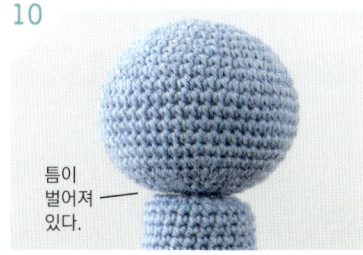

10. 충분히 밀어 넣지 않아서 머리와 몸통 사이에 틈이 생긴 상태.

11. 머리와 몸통 사이에 틈이 생기지 않게 잘 끼운 상태. 지나치게 세게 누르면, 머리와 몸통을 움직이기 어려우므로 주의한다.

12. 몸통에 머리가 연결된 모습.

몸통에 팔 달기 《실 조인트로 몸통에 팔을 연결하는 방법》

1. 팔을 다 뜬 뒤 조여서 막고, 실을 정리한다.

2. 30㎝ 정도로 자른 실을 인형 바늘에 끼우고, 몸통의 14째단과 15째단 사이에 찔러 넣은 뒤, 몸통의 반대쪽으로 통과시켜 실을 빼낸다.

3. 팔의 8째단과 조여서 마무리한 단 사이에, 바늘을 찔러 넣어 실을 빼낸다.

4. 실을 빼낸 곳의 1코 옆에, 다시 바늘을 찔러 넣어 실을 빼낸다.

5. 몸통의 실을 빼낸 곳의 1코 옆에 바늘을 찔러 넣어, 몸통의 반대쪽으로 실을 빼낸다.

6. 실을 잡아당겨서 몸통에 팔을 연결한다.

7. 반대쪽 팔도 3, 4와 같은 방법으로 인형 바늘을 찔러 넣어 실을 빼낸다.

8. 일단 바늘을 뺀다.

9. 실의 양 끝을 묶고 당겨서 조인다.

10. 다시 한 번 묶고 당겨서 조인다.

11. 실 끝 2가닥을 모두 바늘에 끼우고, 실이 나와 있는 구멍에 바늘을 찔러 넣은 뒤, 적당히 떨어진 곳으로 빼낸다.

12. 실 끝을 잡아당겨서 매듭을 편물 안으로 넣는다. 남은 실은 몸통에 바짝 붙여서 자른다.

몸통에 가슴털, 머리에 코 달기

1

가슴털은 편물의 뒷면이 겉으로 오도록 시침핀을 사용하여 몸통에 고정한 뒤, 감침질로 붙인다.

2

코는 솜을 채우고 남은 실을 조여서 막는다. 시침핀을 사용하여 머리에 고정한 뒤, 감침질로 붙인다.

눈 달기

1

눈을 붙일 위치에 시침핀을 꽂아 두고, 송곳으로 편물의 구멍을 넓혀둔다.

2

눈의 축에 접착제를 바른다.

3

1에서 넓혀둔 구멍에 인형 눈의 축을 끼운다.

4

반대쪽도 같은 방법으로 끼운다. 접착제가 마를 때까지 그대로 둔다.

귀 달기

시침핀을 사용하여 머리에 귀를 고정한 뒤, 감침질로 붙인다.

코알라 완성!

《테크노로트를 넣는 방법》

1
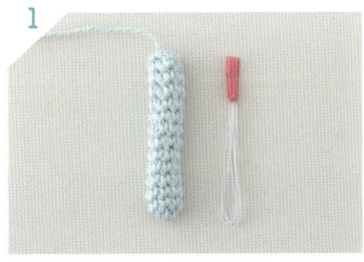
필요한 길이만큼 테크노로트를 잘라서 접은 뒤, 마스킹테이프로 감아서 정리한다.

2

편물 안에 테크노로트를 넣는다.

3

핀셋을 사용하여 솜을 넣는다. 테크노로트를 구부릴 수 있도록, 솜을 지나치게 가득 채우지 않는다.

코알라 ····· p.18

자세한 설명은 p.32~43에서 사진과 함께 확인할 수 있다.

◇ **사용하는 실**

하마나카 아메리
- **a** 차이나 블루(29번) ··· 23g
- **b** 피치 핑크(28번) ··· 23g
- 공통 핑크(7번) ··· 3g, 퓨어 화이트(51번) ··· 1g,
       내추럴 블랙(24번) ··· 1g

◇ **그 밖의 재료**

플라스틱 조인트 16mm(H430-501-16) ··· 2세트
플라스틱 조인트 35mm(H430-501-35) ··· 1세트
인형 눈 9mm(코믹 아이, H220-409) ··· 2개
인형 솜(네오크린 와타와타, H405-401)

◇ **도구**

5/0호 코바늘

◇ **완성 크기**

가로 11×세로 14㎝

◇ **만드는 방법**

1. 다리와 발을 뜨고, 발을 다리에 감침질로 붙인다.
2. 머리를 뜬다.
3. 귀를 뜬다.
4. 팔을 뜬다.
5. 코를 뜬다.
6. 가슴털을 뜬다.
7. 몸통을 뜨고, 다리와 머리를 플라스틱 조인트로 연결한다.
8. 몸통에 팔을 실 조인트로 연결한다.
9. 몸통에 가슴털을, 얼굴에 코를, 감침질로 붙인다.
10. 머리에 눈을 접착제로 붙인다.
11. 머리에 귀를 감침질로 붙인다.

다리(2개)   a=차이나 블루, b=피치 핑크

※ 6째단까지 뜨고, 디스크(16㎜)의 축을 다리의 3, 4째단 사이의 기둥코인 사슬코 가까이에 찔러 넣은 뒤, 남은 단을 뜬다.

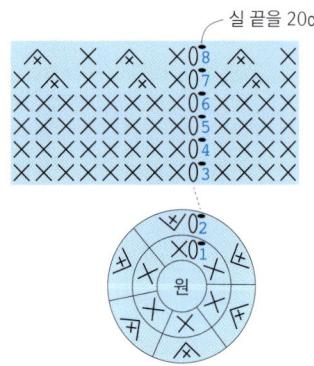

단	콧수	콧수 변동
8	6	단마다 3코 줄이기
7	9	
3~6	12	변동 없음
2	12	6코 늘리기
1	6	원형 시작코 안에 짧은뜨기

발(2개)   핑크

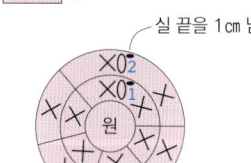

실 끝을 1㎝ 남긴다.

단	콧수	콧수 변동
2	6	변동 없음
1	6	원형 시작코 안에 짧은뜨기

손(2개)   a=차이나 블루, b=피치 핑크
핑크

조여서 막은 뒤, 실을 정리한다.

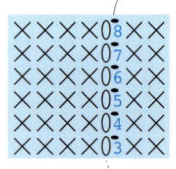

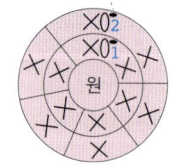

단	콧수	콧수 변동
2~8	6	변동 없음
1	6	원형 시작코 안에 짧은뜨기

다리 마무리 방법

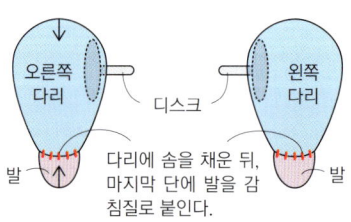

다리에 솜을 채운 뒤, 마지막 단에 발을 감침질로 붙인다.

머리   a=차이나 블루, b=피치 핑크

※ 마지막 단 바로 아랫단까지 뜨고 솜을 채운 뒤, 디스크(35㎜)를 넣고 마지막 단을 뜬다. 디스크의 축에 와셔와 스토퍼를 끼워둔다.

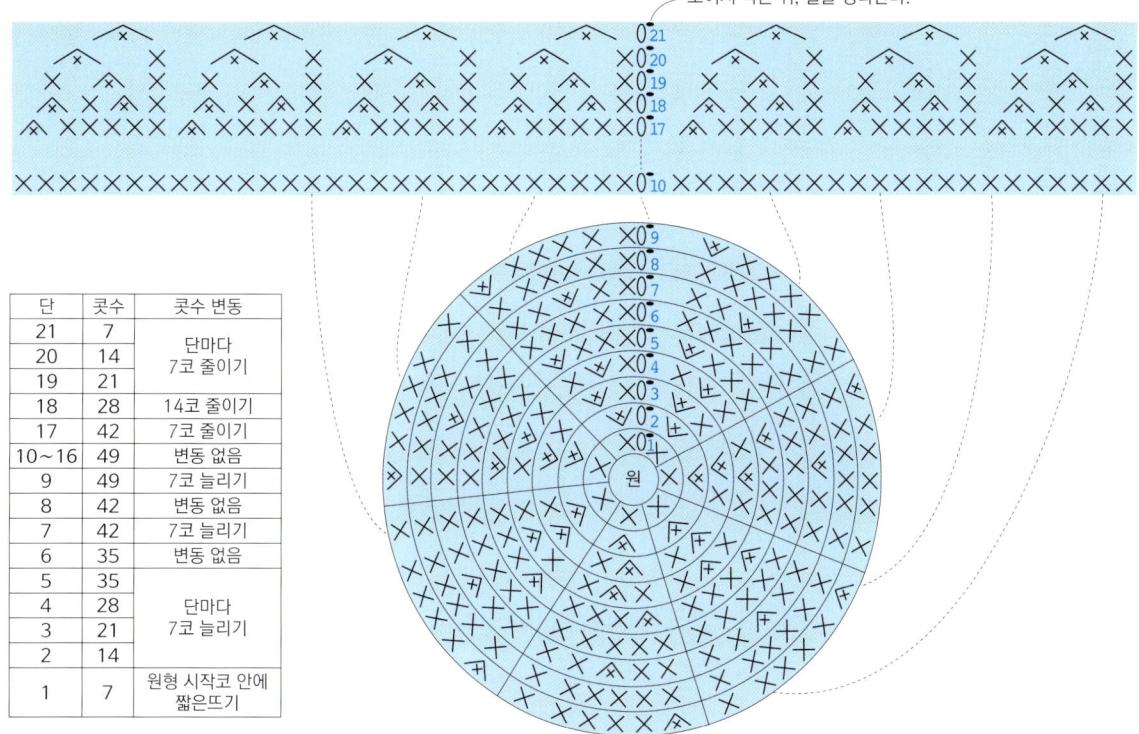

단	콧수	콧수 변동
21	7	단마다 7코 줄이기
20	14	
19	21	
18	28	14코 줄이기
17	42	7코 줄이기
10~16	49	변동 없음
9	49	7코 늘리기
8	42	변동 없음
7	42	7코 늘리기
6	35	변동 없음
5	35	단마다 7코 늘리기
4	28	
3	21	
2	14	
1	7	원형 시작코 안에 짧은뜨기

몸통   a=차이나 블루, b=피치 핑크

※ 마지막 단 바로 아랫단까지 뜨고, 다리 디스크의 축을 정해진 위치(p.46)에 꽂아 넣은 뒤, 와셔와 스토퍼를 끼워서 몸통에 다리를 연결한다.
  마지막 단을 뜨고 솜을 채운 뒤, 머리의 조인트를 밀어 넣는다.

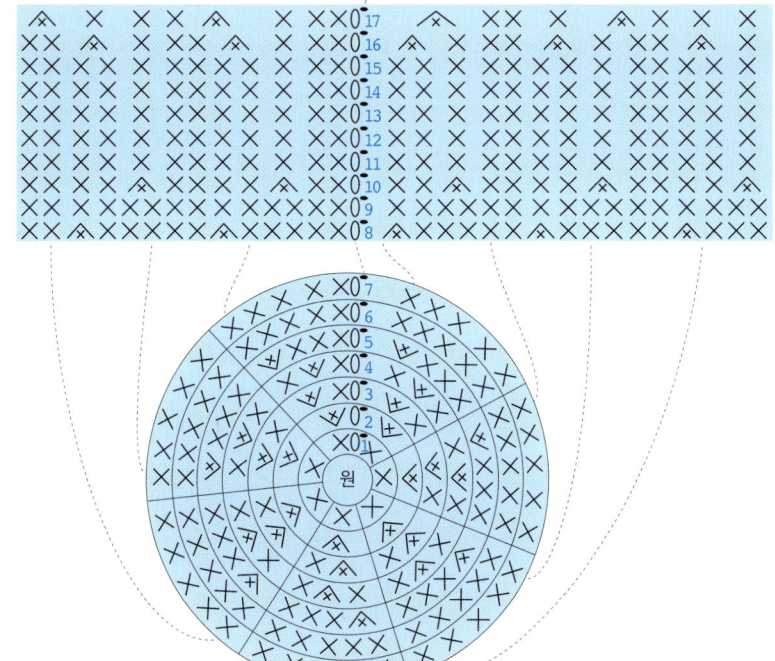

단	콧수	콧수 변동
17	16	4코 줄이기
16	20	5코 줄이기
11~15	25	변동 없음
10	25	5코 줄이기
9	30	변동 없음
8	30	5코 줄이기
6·7	35	변동 없음
5	35	단마다 7코 줄이기
4	28	
3	21	
2	14	
1	7	원형 시작코 안에 짧은뜨기

안쪽 귀(2개)

▨ 핑크

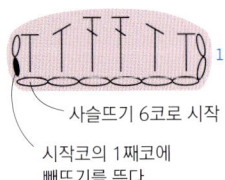

바깥쪽 귀(오른쪽)

▨ a=차이나 블루, b=피치 핑크

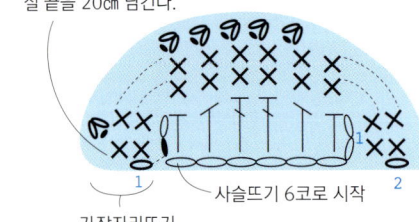

바깥쪽 귀(왼쪽)

▨ a=차이나 블루, b=피치 핑크

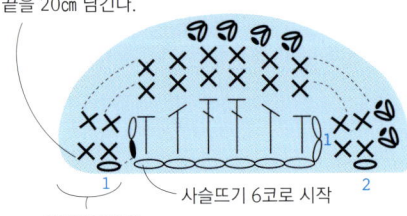

〈 뜨는 순서 〉
1. 안쪽 귀를 뜬다.
2. 바깥쪽 귀의 1째단을 뜬 뒤 실을 자르지 말고, 안쪽 귀를 위에 놓고
   2개를 겹쳐서 한꺼번에 코를 주워 가장자리뜨기를 뜬다.

가슴털

□ 퓨어 화이트

※ 편물의 뒷면이 겉이 된다.

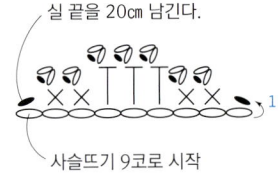

코

▨ 내추럴 블랙

※ 시작한 단이 위가 된다.

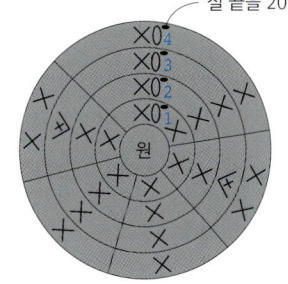

단	콧수	콧수 변동
4	8	변동 없음
3	8	2코 늘리기
2	6	변동 없음
1	6	원형 시작코 안에 짧은뜨기

마무리 방법

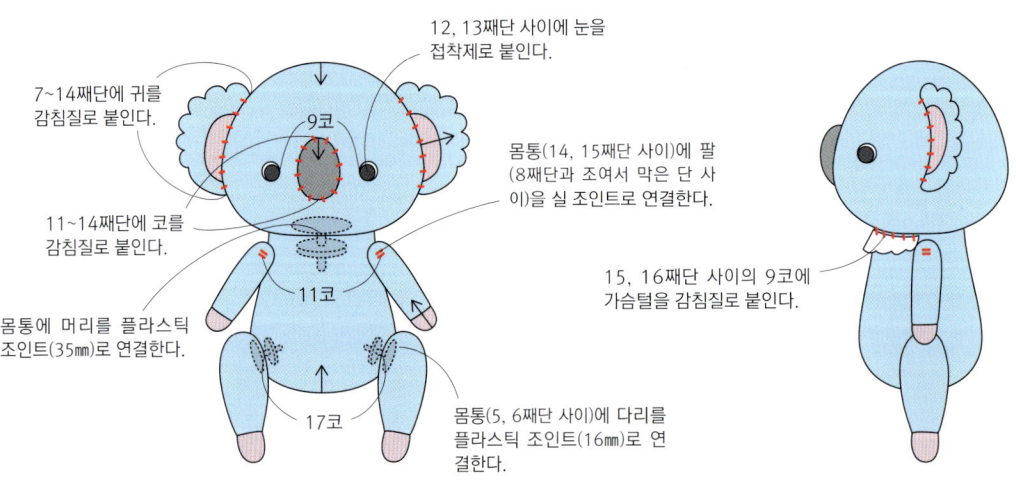

잉꼬 p.4

◇ **사용하는 실**

하마나카 피콜로

a 회색(33번) … 5g, 노란색(42번) … 5g
  진회색(50번) … 2g, 흰색(1번) … 1g
  핑크(4번) … 1g, 브라이트 오렌지(51번) … 1g
b 하늘색(12번) … 5g, 흰색(1번) … 5g
  시안 블루(43번) … 2g, 노란색(42번) … 1g
  연핑크(40번) … 50cm, 군청색(36번) … 50cm
c 연두색(9번) … 7g, 레몬색(8번) … 5g
  브라이트 오렌지(51번) … 1g, 핑크(4번) … 50cm
  파란색(13번) … 50cm

◇ **그 밖의 재료**

b·c 재봉실(검정색) … 조금
플라스틱 조인트 30mm(H430-501-30) … 1세트
인형 눈 6mm(솔리드 아이, H221-306-1) … 2개
인형 솜(네오크린 와타와타, H405-401)

◇ **도구**

4/0호 코바늘

◇ **완성 크기**

세로 8×깊이 7.5cm(a는 벼슬 제외)

◇ **만드는 방법**

1. 머리를 뜬다(p.36 참조).
2. 머리에 목 깃털을 이어서 뜬다.
3. 몸통을 뜨고, 머리를 플라스틱 조인트로 연결한다(p.41 참조).
4. 날개를 뜨고, 몸통에 감침질로 붙인다.
5. 부리를 뜨고, 머리에 감침질로 붙인다.
6. 머리에 눈을 접착제로 붙인다(p.43 참조).
7. a는 벼슬과 볼을 떠서, 머리에 감침질로 붙인다. b·c는 머리에 자수를 놓는다.

몸통 a=회색, b=하늘색, c=연두색

※ 마지막 단 바로 아랫단까지 뜨고 솜을 채운 뒤, 머리의 조인트를 밀어 넣고 마지막 단을 뜬다.

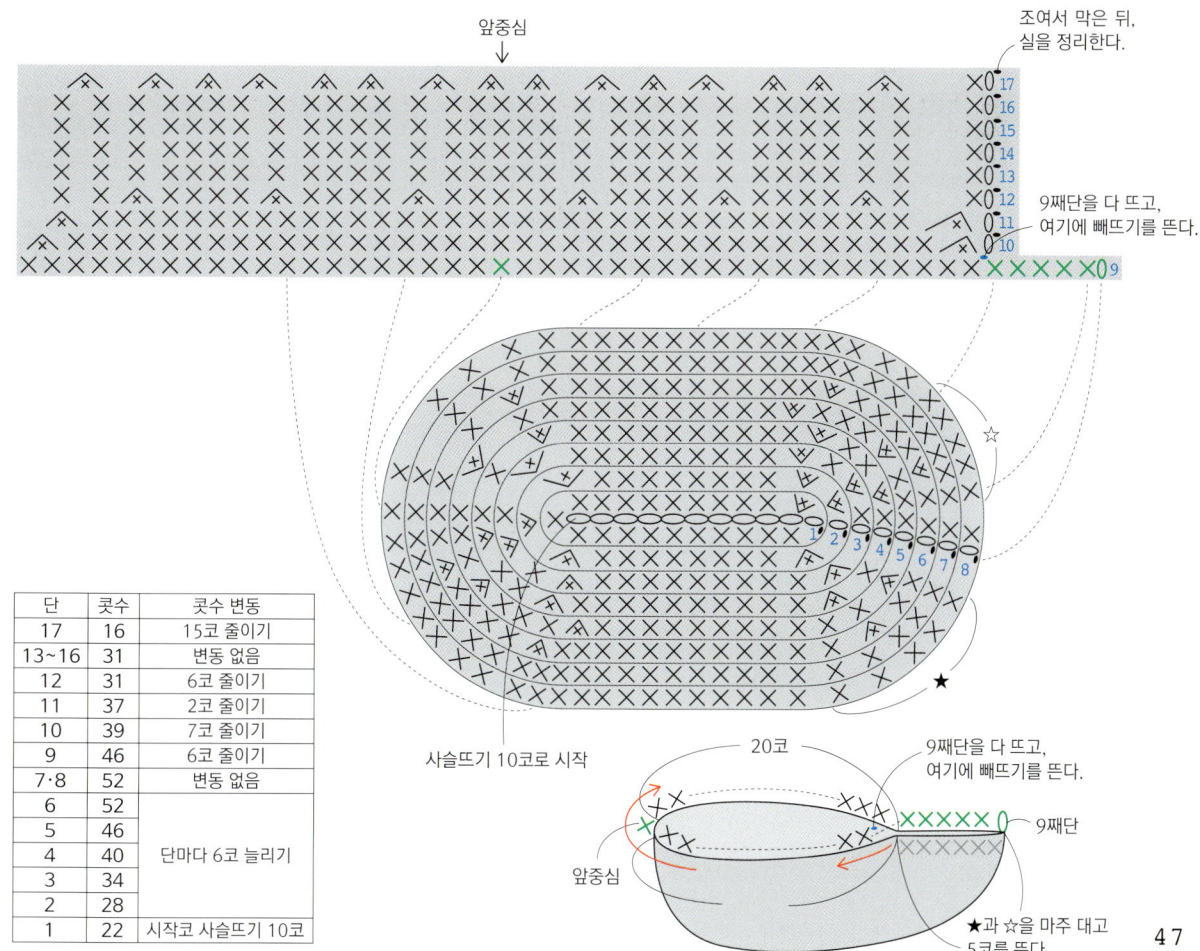

단	콧수	콧수 변동
17	16	15코 줄이기
13~16	31	변동 없음
12	31	6코 줄이기
11	37	2코 줄이기
10	39	7코 줄이기
9	46	6코 줄이기
7·8	52	변동 없음
6	52	단마다 6코 늘리기
5	46	
4	40	
3	34	
2	28	
1	22	시작코 사슬뜨기 10코

머리

a=노란색, b=흰색, c=레몬색

※ 마지막 단 바로 아랫단까지 뜨고 솜을 채운 뒤, 디스크를 넣고 마지막 단을 뜬다.
디스크의 축에 와셔와 스토퍼를 끼워둔다.

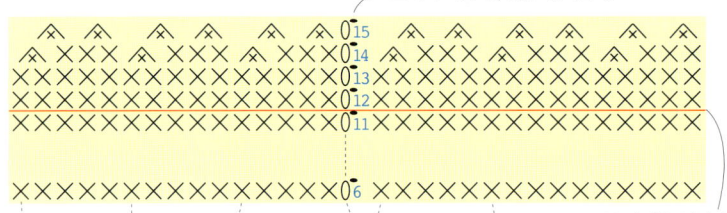

단	콧수	콧수 변동
15	12	12코 줄이기
14	24	6코 줄이기
6~13	30	변동 없음
5	30	
4	24	단마다 6코 늘리기
3	18	
2	12	
1	6	원형 시작코 안에 짧은뜨기

목 깃털

a=노란색, b=흰색, c=레몬색

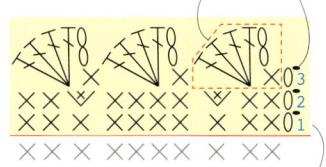

1째단은 머리의 11, 12째단 사이에서 코를 주워 짧은뜨기를 1바퀴 뜬다.

단	콧수	콧수 변동
3	45	9코 늘리기
2	36	6코 늘리기
1	30	머리에서 30코 줍기

a 날개 (좌우 각 1개씩)

■ 진회색 □ 흰색

b·c 날개 (2개씩)

■ b=시안 블루, c=연두색

※ 각각 재봉실(검정색)과 합사하여 2가닥으로 뜬다.

부리

■ a=핑크, b=노란색, c=브라이트 오렌지

※ 마지막 단이 위가 된다.

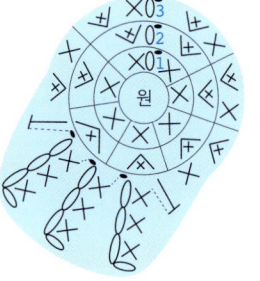

단	콧수	콧수 변동
3	9	3코 늘리기
2	6	2코 늘리기
1	4	원형 시작코 안에 짧은뜨기

a 볼 (2개)

■ 브라이트 오렌지

실 끝을 20㎝ 남긴다.

단	콧수	콧수 변동
3	20	6코 늘리기
2	14	7코 늘리기
1	7	원형 시작코 안에 짧은뜨기

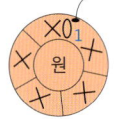

a 벼슬

■ 노란색

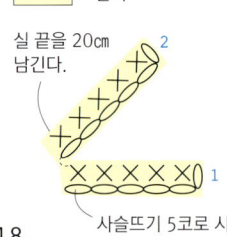

사슬뜨기 5코로 시작

마무리 방법

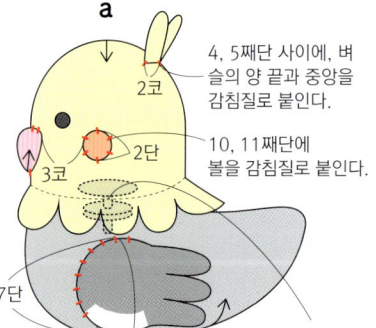

4, 5째단 사이에, 벼슬의 양 끝과 중앙을 감침질로 붙인다.

10, 11째단에 볼을 감침질로 붙인다.

6~12째단에 날개를 감침질로 붙인다.

몸통에 머리를 플라스틱 조인트로 연결한다.

8, 9째단 사이에 눈을 접착제로 붙인다.

부리를 1/2로 접어, 9, 10째단 사이에 감침질로 붙인다.

12, 13째단 사이에 부리 끝을 감침질로 붙인다.

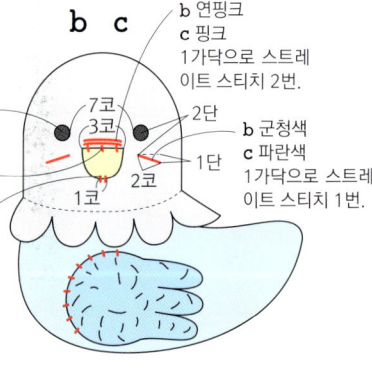

b 연핑크
c 핑크
1가닥으로 스트레이트 스티치 2번.

b 군청색
c 파란색
1가닥으로 스트레이트 스티치 1번.

※ 반대쪽 날개도 감침질로 붙인다.

48

토끼 p.6

◇ 사용하는 실
하마나카 아메리
a 피치 핑크(28번) … 28g
b 회색(22번) … 28g
공통 퓨어 화이트(51번) … 3g, 핑크(7번) … 50cm

◇ 그 밖의 재료
플라스틱 조인트 16mm(H430-501-16) … 2세트
플라스틱 조인트 30mm(H430-501-30) … 2세트
플라스틱 조인트 25mm(H430-501-25) … 1세트
인형 눈 9mm(코믹 아이, H220-409) … 2개
인형 솜(네오크린 와타와타, H405-401)

◇ 도구
5/0호 코바늘

◇ 완성 크기
세로 14.5×깊이 14cm

◇ 만드는 방법
1. 머리를 뜬다.
2. 발을 뜬다.
3. 다리를 뜨고, 발을 감침질로 붙인다.
4. 팔을 뜬다.
5. 몸통을 뜨고, 다리, 팔, 머리를 플라스틱 조인트로 연결한다(p.39 참조).
6. 꼬리를 뜨고, 몸통에 감침질로 붙인다.
7. 귀를 뜨고, 머리에 감침질로 붙인다.
8. 눈을 머리에 접착제로 붙인다(p.43 참조).
9. 머리에 자수로 코를 표현한다.

머리 a=피치 핑크, b=회색 퓨어 화이트

※ 18째단까지 뜨고, 디스크(25mm)의 축을 13, 14째단 사이의 기둥코인 사슬코 가까이에 찔러 넣은 뒤, 남은 단을 뜬다(p.34 〈다리에 디스크를 넣는 방법〉 참조).

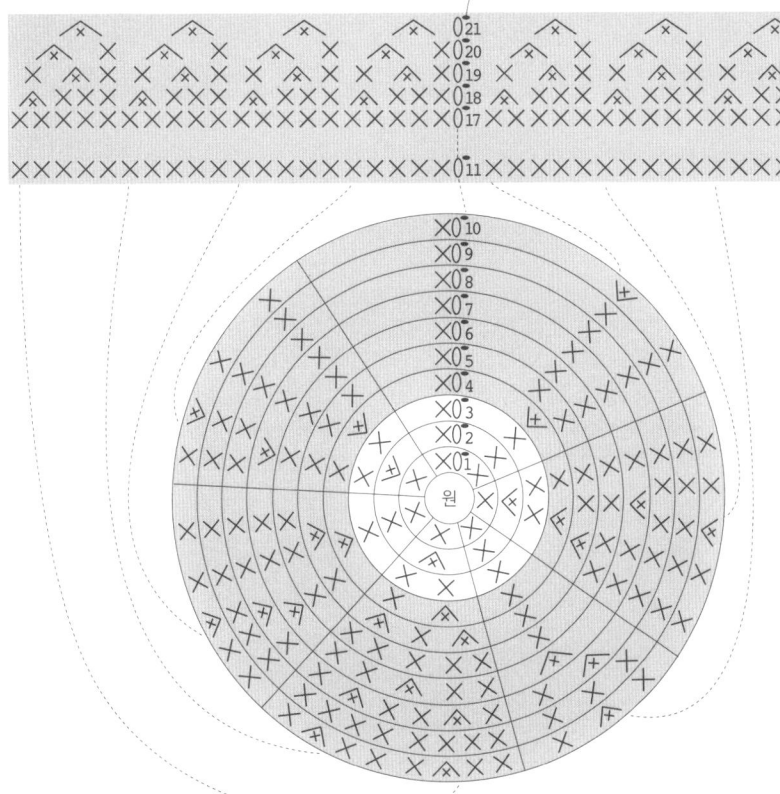

솜을 채운 뒤 조여서 막고, 실을 정리한다.

단	콧수	콧수 변동
21	7	단마다 7코 줄이기
20	14	
19	21	
18	28	
11~17	35	변동 없음
10	35	7코 늘리기
9	28	변동 없음
8	28	4코 늘리기
7	24	5코 늘리기
6	19	변동 없음
5	19	4코 늘리기
4	15	5코 늘리기
3	10	변동 없음
2	10	3코 늘리기
1	7	원형 시작코 안에 짧은뜨기

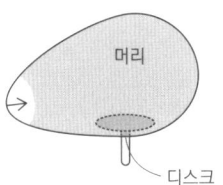

다리(2개) a=피치 핑크, b=회색

※ 8째단까지 뜨고, 디스크(30mm)의 축을 5, 6째단 사이의 기둥코인 사슬코 가까이에 찔러 넣은 뒤, 남은 단을 뜬다

실 끝을 20cm 남긴다.

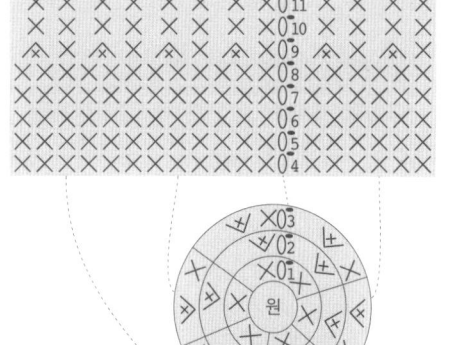

발(2개) a=피치 핑크, b=회색 퓨어 화이트

솜을 채운 뒤 조여서 막고, 실을 정리한다.

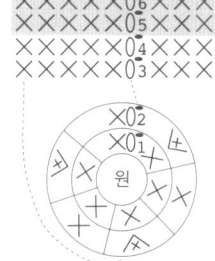

단	콧수	콧수 변동
3~7	9	변동 없음
2	9	3코 늘리기
1	6	원형 시작코 안에 짧은뜨기

다리 마무리 방법

다리에 솜을 채우고, 발의 마지막 단에 덮어 씌워 감침질로 붙인다.

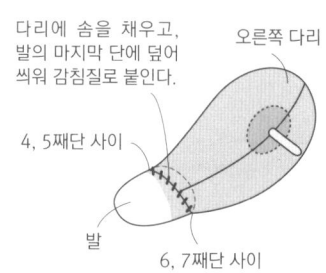
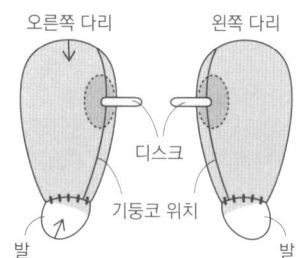

단	콧수	콧수 변동
10·11	12	변동 없음
9	12	6코 줄이기
4~8	18	변동 없음
3	18	단마다 6코 늘리기
2	12	
1	6	원형 시작코 안에 짧은뜨기

몸통 a=피치 핑크, b=회색

※ 12째단까지 뜨고, 다리 디스크의 축을 정해진 위치에 찔러 넣은 뒤, 와셔와 스토퍼를 끼워서 연결한다.
  마지막 단 바로 아랫단까지 뜨고, 팔 디스크의 축과 머리 디스크의 축을 각각 정해진 위치에 찔러 넣은 뒤, 와셔와 스토퍼를 끼워서 연결한다.
  마지막 단을 뜬다.

솜을 채운 뒤 조여서 막고, 실을 정리한다.

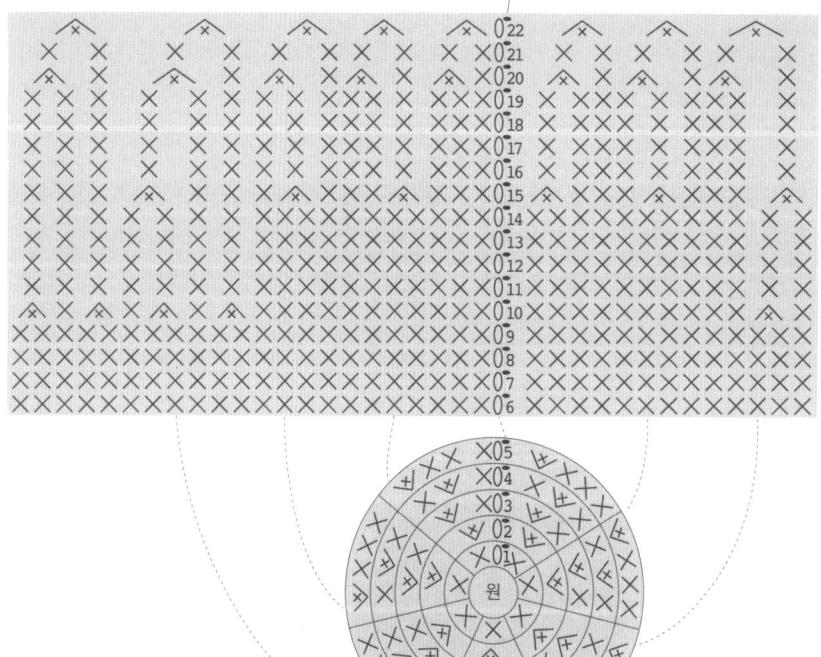

단	콧수	콧수 변동
22	8	8코 줄이기
21	16	변동 없음
20	16	8코 줄이기
16~19	24	변동 없음
15	24	6코 줄이기
11~14	30	변동 없음
10	30	5코 줄이기
6~9	35	변동 없음
5	35	단마다 7코 늘리기
4	28	
3	21	
2	14	
1	7	원형 시작코 안에 짧은뜨기

팔(2개)

▨ a=피치 핑크, b=회색   □ 퓨어 화이트

※ 디스크(16㎜)의 축을 9, 10째단 사이의 기둥코인 사슬코 가까이에 찔러 넣는다.

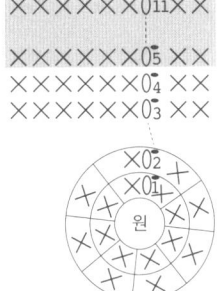

단	콧수	콧수 변동
2~11	8	변동 없음
1	8	원형 시작코 안에 짧은뜨기

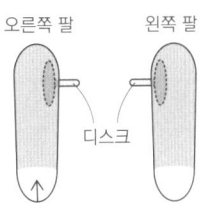

귀(2개)

▨ a=피치 핑크, b=회색   ▪ 핑크

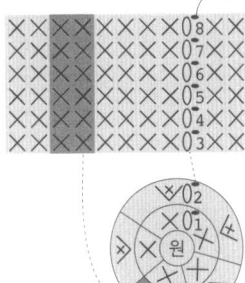

단	콧수	콧수 변동
3~8	10	변동 없음
2	10	5코 늘리기
1	5	원형 시작코 안에 짧은뜨기

꼬리

▨ a=피치 핑크, b=회색

※ 편물을 뒤집어서 안쪽 면이 겉으로 오게 한다.
※ 링뜨기는 작게 뜬다.

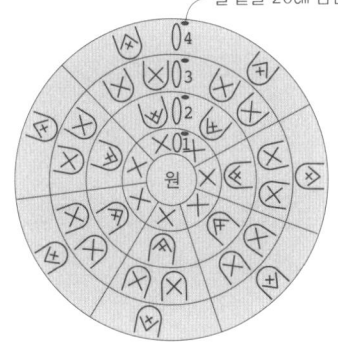

⋎ = 짧은뜨기 링뜨기 2코 늘려뜨기

⋏ = 짧은뜨기 링뜨기 2코 모아뜨기

단	콧수	콧수 변동
4	7	7코 줄이기
3	14	변동 없음
2	14	7코 늘리기
1	7	원형 시작코 안에 짧은뜨기

마무리 방법

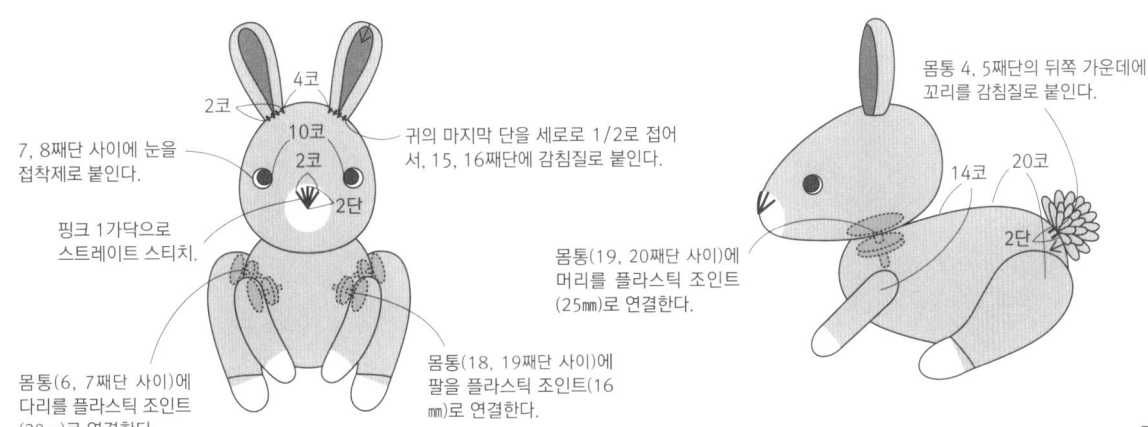

강아지 ····· p.8

◇ 사용하는 실
하마나카 이토아 뜨개 인형이 뜨고 싶어지는 실
a 검정색(318번) … 31g, 갈색(316번) … 8g, 초록색(311번) … 2g
b 갈색(316번) … 8g, 빨간색(306번) … 2g, 검정색(318번) … 50㎝

◇ 그 밖의 재료
플라스틱 조인트 16㎜(H430-501-16) … 4세트
플라스틱 조인트 30㎜(H430-501-30) … 1세트
인형 눈 9㎜(코믹 아이, H220-409) … 2개
인형 솜(네오크린 와타와타, H405-401)

◇ 도구
6/0호 코바늘

◇ 완성 크기
가로 15×세로 12㎝

◇ 만드는 방법
※ 모두 2가닥으로 뜬다.
1. 머리를 뜬다.
2. 다리를 뜬다.
3. 몸통 윗부분을 뜨고, 머리를 연결한다(p.39 참조).
4. 몸통 아랫부분을 뜨고, 몸통 윗부분을 감침질로 붙인다.
   감침질하는 도중에 다리를 연결한다.
5. 꼬리를 뜨고, 몸통에 감침질로 붙인다.
6. 머리에 자수로 코를 표현한다.
7. 머리에 눈을 접착제로 붙인다(p.43 참조).
8. 귀를 뜨고, 머리에 감침질로 붙인다.
9. 목줄을 뜨고, 머리와 몸통 사이에 감침질로 붙인다.

머리   ■ a=검정색, b=갈색   □ 갈색

※ 마지막 단 바로 아랫단까지 뜨고, 15, 16째단 사이의 기둥코인 사슬코 가까이에 디스크(30㎜)의 축을 찔러 넣은 뒤,
   마지막 단을 뜬다(p.34 〈다리에 디스크를 넣는 방법〉 참조).

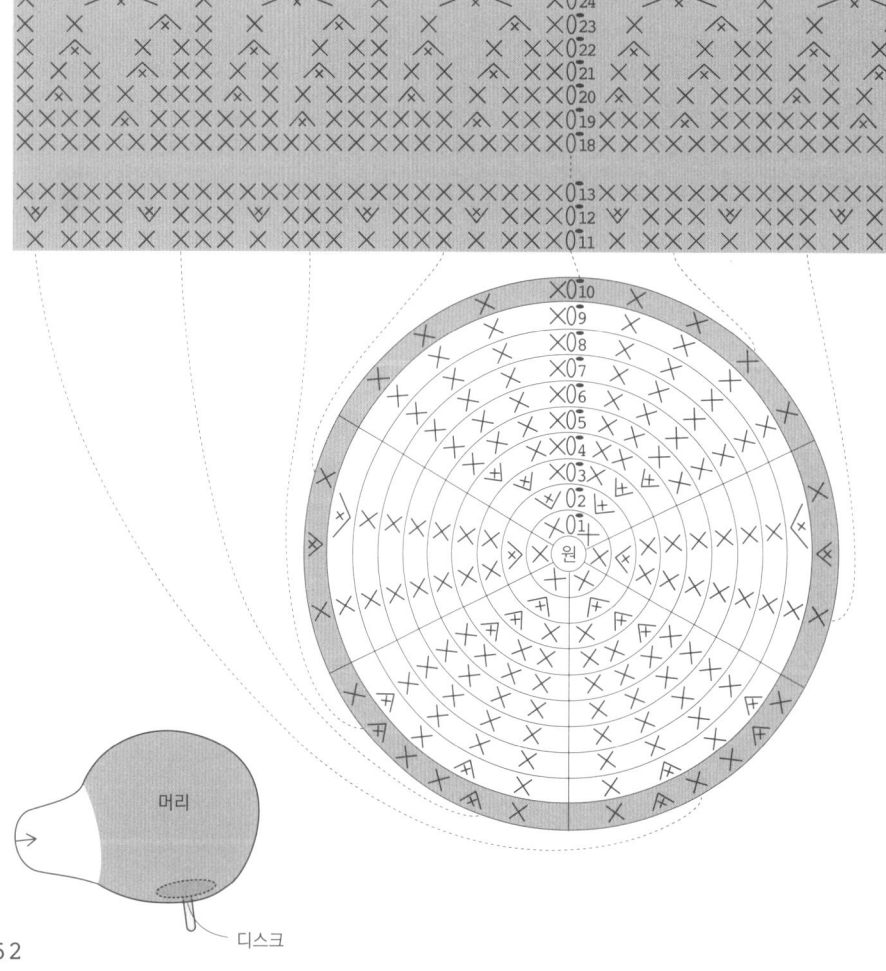

단	콧수	콧수 변동
24	10	
23	15	단마다 5코 줄이기
22	20	
21	25	
20	30	
19	35	
13~18	40	변동 없음
12	40	8코 늘리기
11	32	변동 없음
10	32	단마다 6코 늘리기
9	26	
5~8	20	변동 없음
4	20	단마다 4코 늘리기
3	16	
2	12	6코 늘리기
1	6	원형 시작코 안에 짧은뜨기

몸통 윗부분·아랫부분(각 1개)　　a=검정색, b=갈색

※ 몸통 윗부분은 10째단까지, 몸통 아랫부분은 4째단까지 뜬다.
※ 머리 디스크의 축을 정해진 위치에 찔러 넣고, 와셔와 스토퍼를 끼워서 연결한다.
　다리 디스크의 축을 정해진 위치에 찔러 넣고, 와셔와 스토퍼를 끼워서 연결한다.

실을 정리한다(몸통 윗부분).
사슬뜨기 13코로 시작
실을 정리한다(몸통 아랫부분).

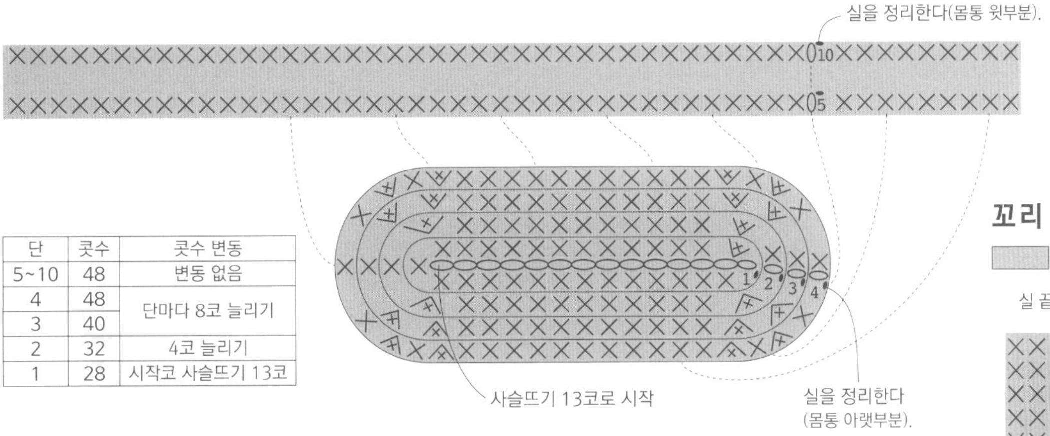

단	콧수	콧수 변동
5~10	48	변동 없음
4	48	단마다 8코 늘리기
3	40	
2	32	4코 늘리기
1	28	시작코 사슬뜨기 13코

다리(4개)　　a=검정색, b=갈색　　갈색

※ 디스크(16mm)의 축을 7, 8째단 사이의 정해진 위치(●)에 찔러 넣는다.

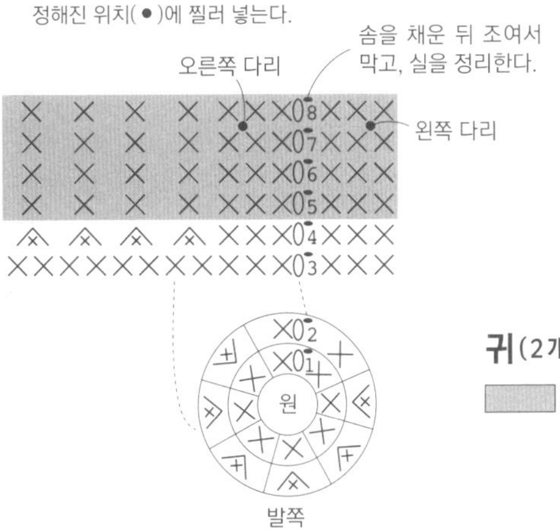

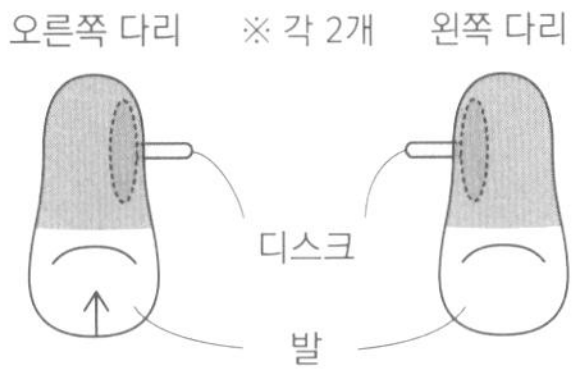

솜을 채운 뒤 조여서 막고, 실을 정리한다.

오른쪽 다리　왼쪽 다리

발쪽

단	콧수	콧수 변동
5~8	10	변동 없음
4	10	4코 줄이기
3	14	변동 없음
2	14	6코 늘리기
1	8	원형 시작코 안에 짧은뜨기

오른쪽 다리　※ 각 2개　왼쪽 다리
디스크
발

꼬리　　a=검정색, b=갈색

실 끝을 20cm 남긴다.

원

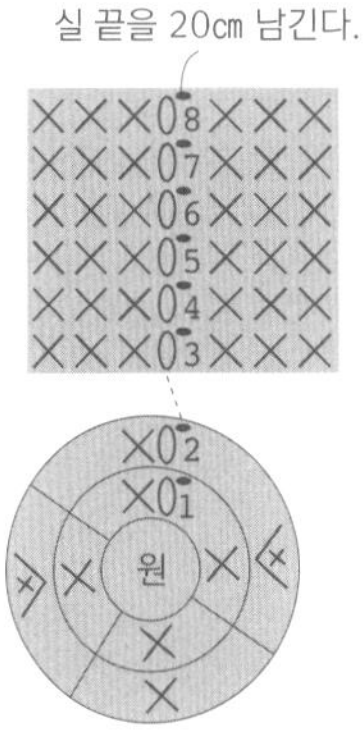

단	콧수	콧수 변동
3~8	6	변동 없음
2	6	2코 늘리기
1	4	원형 시작코 안에 짧은뜨기

귀(2개)　　a=검정색, b=갈색

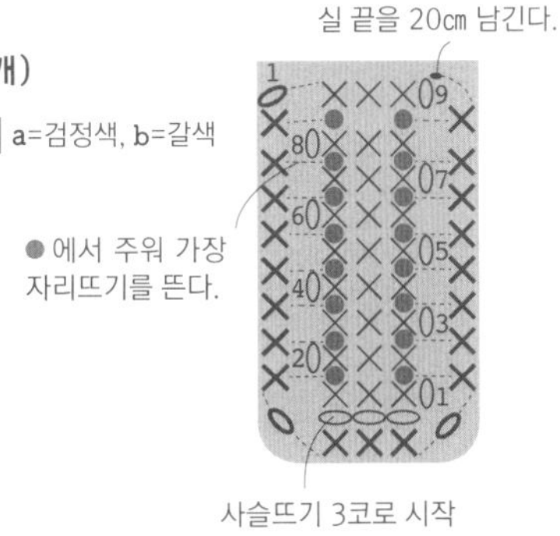

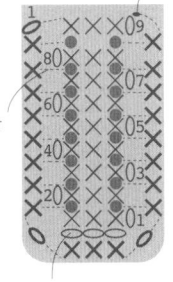

● 에서 주워 가장자리뜨기를 뜬다.
실 끝을 20cm 남긴다.
사슬뜨기 3코로 시작

목줄　　a=초록색, b=빨간색

실 끝을 20cm 남긴다.

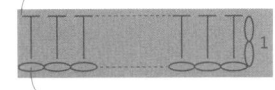

사슬뜨기 25코로 시작

마무리 방법

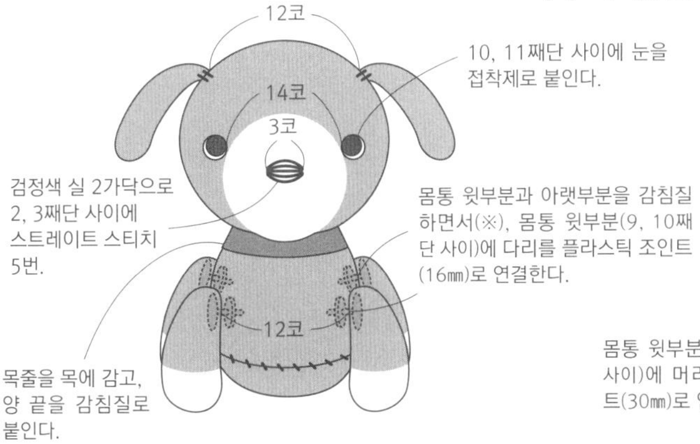

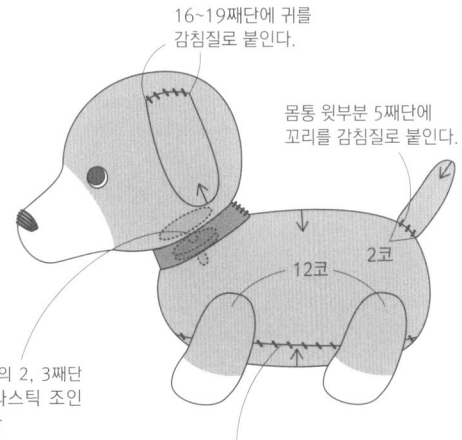

12코, 14코, 3코
10, 11째단 사이에 눈을 접착제로 붙인다.
검정색 실 2가닥으로 2, 3째단 사이에 스트레이트 스티치 5번.
몸통 윗부분과 아랫부분을 감침질하면서(※), 몸통 윗부분(9, 10째단 사이)에 다리를 플라스틱 조인트(16mm)로 연결한다.
목줄을 목에 감고, 양 끝을 감침질로 붙인다.
12코

16~19째단에 귀를 감침질로 붙인다.
몸통 윗부분 5째단에 꼬리를 감침질로 붙인다.
몸통 윗부분(앞중심의 2, 3째단 사이)에 머리를 플라스틱 조인트(30mm)로 연결한다
12코, 2코

※ 돗바늘에 실을 끼운 뒤 앞중심부터 뒷중심을 향해, 몸통 윗부분과 아랫부분의 머리 사슬끼리 감침질을 한다. 엉덩이 가까이까지 감침질하고, 솜을 채운다.

곰 ····· p.10

◇ 사용하는 실
a 하마나카 러브보니
　황토색(122번) … 49g, 아이보리(101번) … 4g
　하마나카 피콜로 시안 블루(43번) … 2g
b 하마나카 보니
　밝은 갈색(482번) … 85g, 아이보리(442번) … 5g
　하마나카 러브보니 빨간색(133번) … 5g
공통 하마나카 피콜로 진노란색(25번) … 1m

◇ 그 밖의 재료
플라스틱 조인트 … 각 1세트
a 35mm(H430-501-35)　b 45mm(H430-501-45)
단추 조인트(구멍 4개) … 각 2개
a 작은 것 18mm, 큰 것 20mm　b 작은 것 20mm, 큰 것 23mm
인형 단추눈 … 각 2개
a 11.5mm　b 13mm
인형 코 … 각 1개
a 9mm(H220-809-1)　b 12mm(H220-812-1)
인형 솜(네오크린 와타와타, H405-401)
바느질용 실(단추눈용)

◇ 도구
a 4/0호 코바늘, 6/0호 코바늘
b 6/0호 코바늘, 7.5/0호 코바늘

◇ 완성 크기
a 가로 12.5×세로 22.5cm　b 가로 15×세로 25cm

◇ 만드는 방법
1. 머리를 뜬다(p.36 참조).
2. 몸통을 뜨고, 머리를 플라스틱 조인트로 연결한다(p.41 참조).
3. 팔과 다리를 뜨고, 몸통에 단추 조인트로 연결한다.
4. 꼬리를 뜨고, 몸통에 감침질로 붙인다.
5. 귀와 코 주위를 뜨고, 머리에 감침질로 붙인다.
6. 코 주위에 코를 접착제로 붙인다(p.43 참조).
7. 머리에 단추눈을 바느질용 실로 꿰매서 붙인다.
8. 반다나를 떠서 목을 감싼 뒤, 뒤쪽에서 묶어준다.

머리
a=황토색(6/0호 코바늘), b=진노란색(7.5/0호 코바늘)

※ 마지막 단 바로 아랫단까지 뜨고 솜을 채운 뒤, 디스크(a 35mm / b 45mm)를 넣고 마지막 단을 뜬다.
　와셔와 스토퍼를 끼워둔다.

조여서 막고, 실을 정리한다.

단	콧수	콧수 변동
21	7	단마다 7코 줄이기
20	14	
19	21	
18	28	14코 줄이기
17	42	7코 줄이기
9~16	49	변동 없음
8	49	7코 늘리기
7	42	변동 없음
6	42	단마다 7코 늘리기
5	35	
4	28	
3	21	
2	14	
1	7	원형 시작코 안에 짧은뜨기

몸통

a=황토색(6/0호 코바늘), b=밝은 갈색(7.5/0호 코바늘)

※ 솜을 채운 뒤 머리의 조인트를 밀어 넣는다.

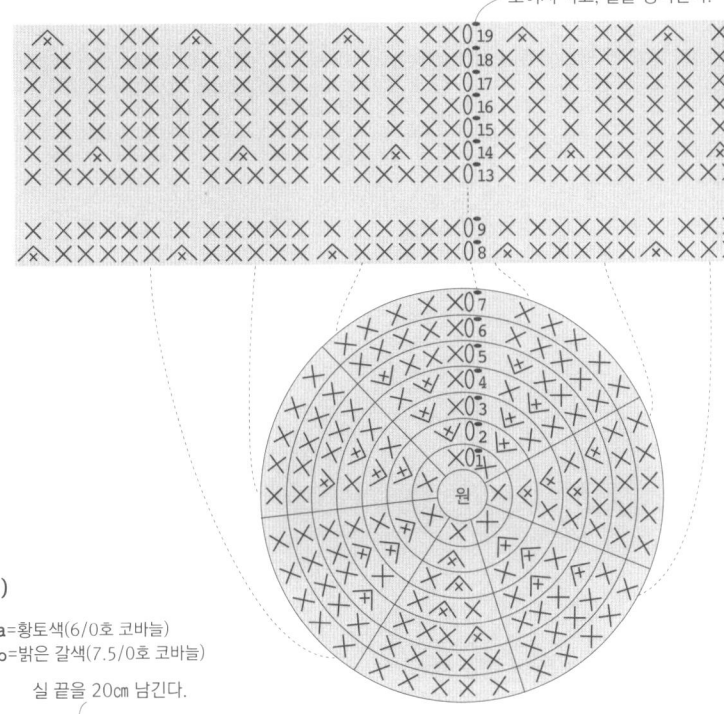

단	콧수	콧수 변동
19	20	5코 줄이기
15~18	25	변동 없음
14	25	5코 줄이기
9~13	30	변동 없음
8	30	5코 줄이기
6·7	35	변동 없음
5	35	
4	28	단마다 7코 늘리기
3	21	
2	14	
1	7	원형 시작코 안에 짧은뜨기

코 주위

아이보리
a=6/0호 코바늘,
b=7.5/0호 코바늘

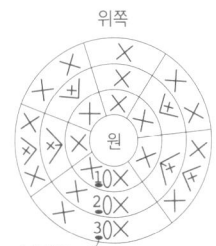

실 끝을 20㎝ 남긴다.

단	콧수	콧수 변동
3	15	2코 늘리기
2	13	6코 늘리기
1	7	원형 시작코 안에 짧은뜨기

귀 (2개)

a=황토색(6/0호 코바늘)
b=밝은 갈색(7.5/0호 코바늘)

실 끝을 20㎝ 남긴다.

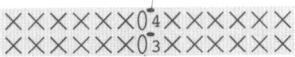

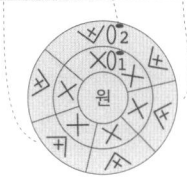

단	콧수	콧수 변동
3·4	12	변동 없음
2	12	6코 늘리기
1	6	원형 시작코 안에 짧은뜨기

다리 (2개)

a=황토색, b=밝은 갈색   아이보리

a=6/0호 코바늘, b=7.5/0호 코바늘

솜을 채운 뒤 조여서 막고, 실을 정리한다.

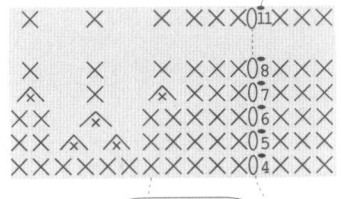

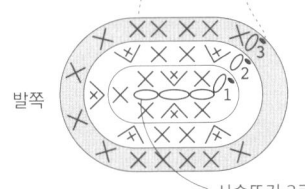

발쪽

사슬뜨기 3코로 시작

단	콧수	콧수 변동
8~11	9	변동 없음
7	9	2코 줄이기
6	11	1코 줄이기
5	12	2코 줄이기
3·4	14	변동 없음
2	14	5코 늘리기
1	9	시작코 사슬뜨기 3코

팔 (2개)

a=황토색(6/0호 코바늘)
b=밝은 갈색(7.5/0호 코바늘)

솜을 채운 뒤 조여서 막고, 실을 정리한다.

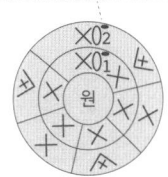

단	콧수	콧수 변동
6~10	7	변동 없음
5	7	2코 줄이기
3·4	9	변동 없음
2	9	3코 늘리기
1	6	원형 시작코 안에 짧은뜨기

꼬리

a=황토색(6/0호 코바늘)
b=밝은 갈색(7.5/0호 코바늘)

실 끝을 20㎝ 남긴다.

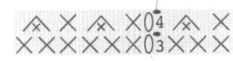

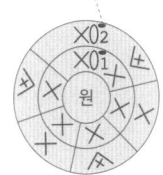

단	콧수	콧수 변동
4	6	3코 줄이기
3	9	변동 없음
2	9	3코 늘리기
1	6	원형 시작코 안에 짧은뜨기

반다나 a=시안 블루(4/0호 코바늘), b=빨간색(6/0호 코바늘)

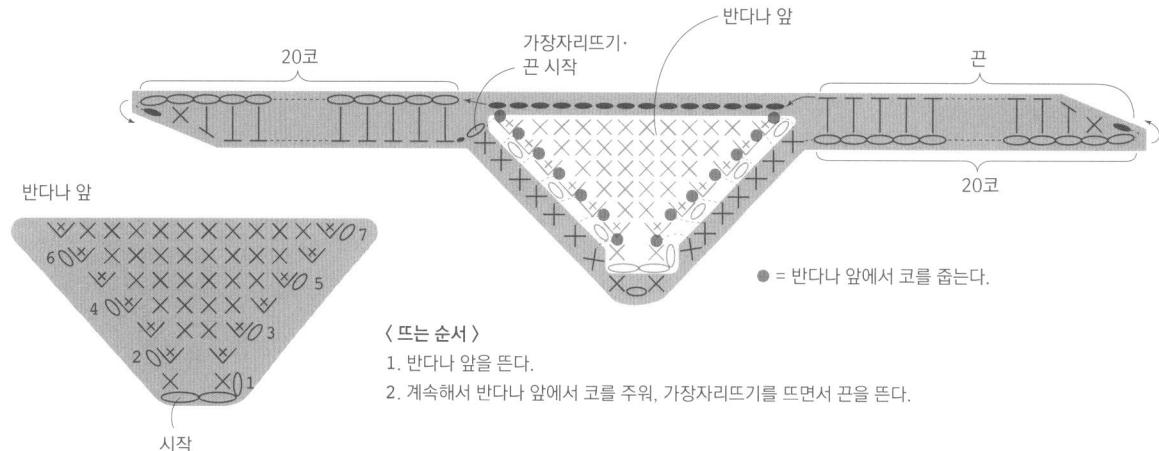

〈 뜨는 순서 〉
1. 반다나 앞을 뜬다.
2. 계속해서 반다나 앞에서 코를 주워, 가장자리뜨기를 뜨면서 끈을 뜬다.

마무리 방법

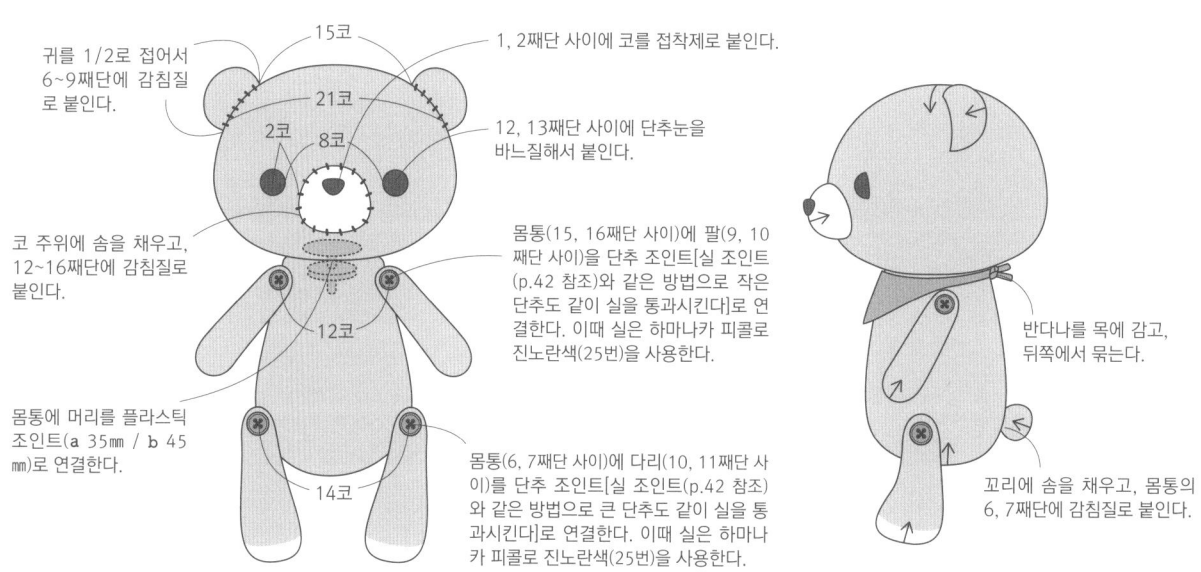

판다(p.61에서 계속)   마무리 방법

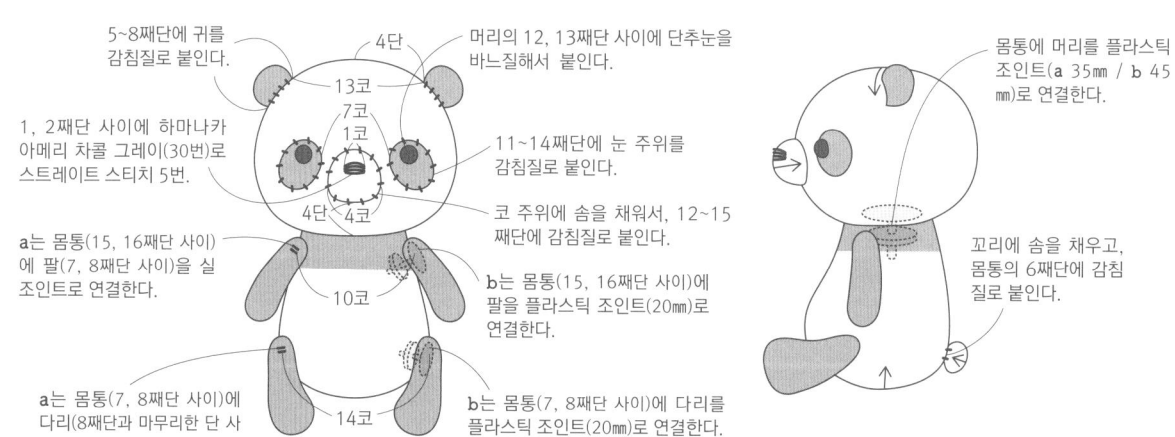

고양이 ····· p.12

◇ 사용하는 실
하마나카 코토네 트위드
a 연회색(1번) … 28g
b 검정색(10번) … 28g
공통 하마나카 피콜로 흰색(1번) … 4g, 핑크(4번) … 50cm

◇ 그 밖의 재료
플라스틱 조인트 16mm(H430-501-16) … 2세트
플라스틱 조인트 45mm(H430-501-45) … 디스크와 스토퍼 각 1개
테크노로트(H204-593) … 45cm
인형 눈(캣츠 아이) 9mm
a 블루(H220-209-7) … 2개
b 옐로(H220-209-3) … 2개
인형 솜(네오크린 와타와타, H405-401)

◇ 도구
4/0호 코바늘

◇ 완성 크기
가로 9×세로 20cm

◇ 만드는 방법
1. 귀와 머리를 뜬다(p.36 1~9 참조).
2. 다리를 뜬다.
3. 몸통을 뜨고, 머리와 다리를 플라스틱 조인트로 연결한다 (p.39 참조).
4. 팔을 뜨고, 실 조인트로 몸통에 연결한다(p.42 참조).
5. 꼬리를 뜨고, 테크노로트를 넣어 몸통에 감침질로 붙인다.
6. 코 주위를 뜨고, 머리에 감침질로 붙인다.
7. 머리에 눈을 접착제로 붙인다(p.43 참조).
8. 머리에 자수로 코와 수염을 표현한다.

귀와 머리 a=연회색, b=검정색

※ 마지막 단 바로 아랫단까지 뜨고 솜을 채운 뒤, 디스크(45mm)를 넣고 마지막 단을 뜬다.

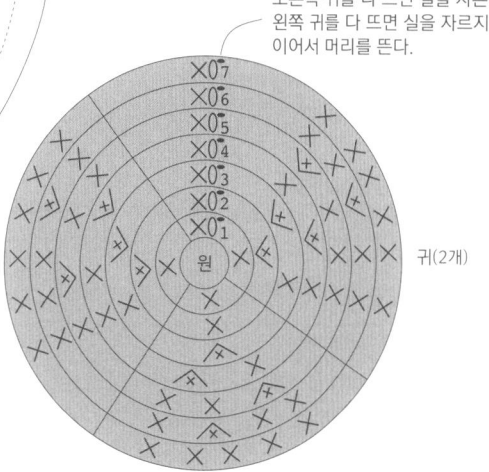

〈뜨는 순서〉
1. 오른쪽 귀를 뜬다.
2. 왼쪽 귀를 뜨고, 이어서 8째단부터는 오른쪽 귀와 왼쪽 귀에서 코를 주워 머리를 뜬다.

단	콧수	콧수 변동
24	12	12코 줄이기
23	24	단마다 8코 줄이기
22	32	
21	40	
13~20	48	변동 없음
12	48	8코 늘리기
9~11	40	변동 없음
8	40	22코 늘리기
7	18	변동 없음
6	18	단마다 3코 늘리기
5	15	
4	12	
3	9	
2	6	2코 늘리기
1	4	원형 시작코 안에 짧은뜨기

다리(2개) ▨ a=연회색, b=검정색   ☐ 흰색

※ 디스크(16mm)의 축을 14, 15째단 사이의 정해진 위치(●)에 찔러 넣는다(p.34〈다리에 디스크를 넣는 방법〉참조).

팔(2개)

▨ a=연회색, b=검정색
☐ 흰색

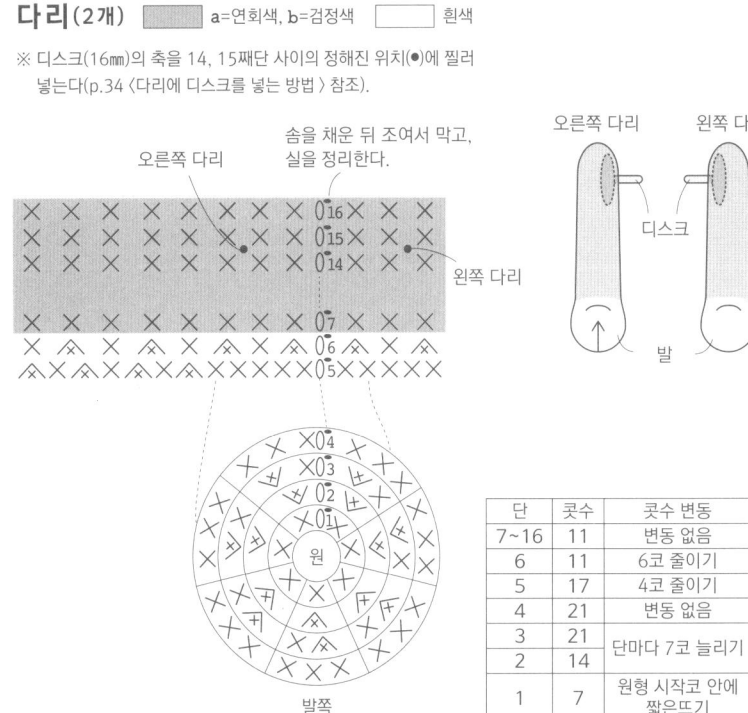
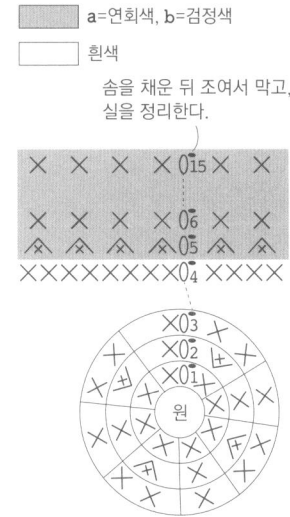

단	콧수	콧수 변동
7~16	11	변동 없음
6	11	6코 줄이기
5	17	4코 줄이기
4	21	변동 없음
3	21	단마다 7코 늘리기
2	14	
1	7	원형 시작코 안에 짧은뜨기

단	콧수	콧수 변동
6~15	6	변동 없음
5	6	6코 줄이기
3·4	12	변동 없음
2	12	4코 늘리기
1	8	원형 시작코 안에 짧은뜨기

몸통 ▨ a=연회색, b=검정색

※ 23째단까지 뜨고, 머리 디스크의 축을 뜨기 시작한 부분(사슬 8코로 원을 만든 부분)에 찔러 넣은 뒤, 스토퍼를 끼워서 연결한다(와셔는 사용하지 않는다). 다리 디스크의 축을 정해진 위치에 찔러 넣고, 와셔와 스토퍼를 끼워서 연결한다. 남은 단을 뜬다.

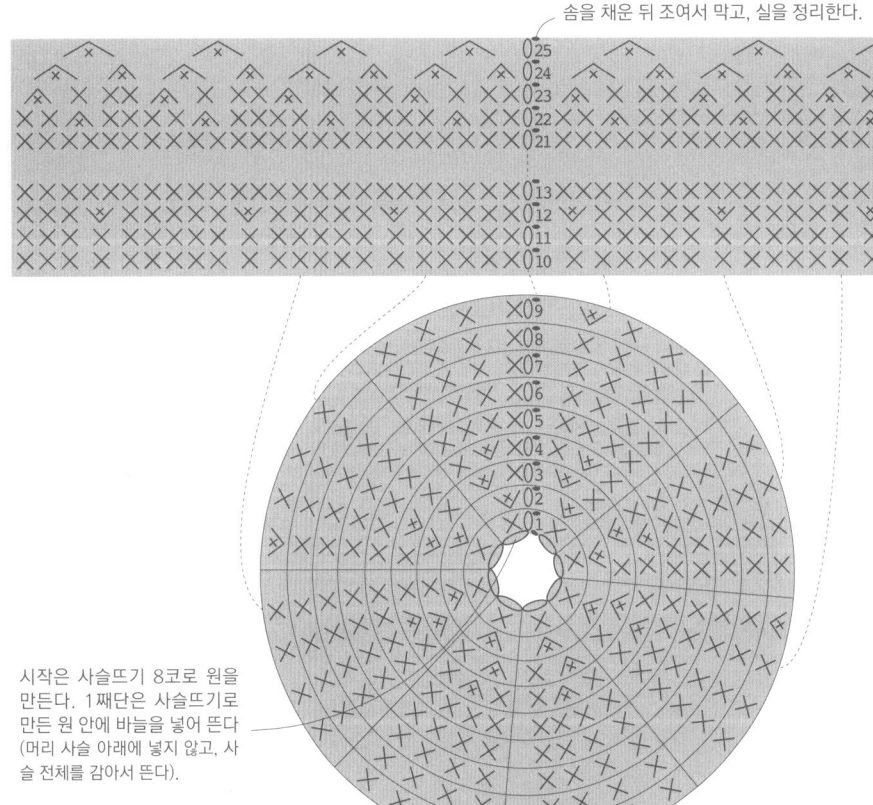

시작은 사슬뜨기 8코로 원을 만든다. 1째단은 사슬뜨기로 만든 원 안에 바늘을 넣어 뜬다 (머리 사슬 아래에 넣지 않고, 사슬 전체를 감아서 뜬다).

단	콧수	콧수 변동
25	7	단마다 7코 줄이기
24	14	
23	28	
22	35	
13~21	42	변동 없음
12	42	6코 늘리기
10·11	36	변동 없음
9	36	4코 늘리기
5~8	32	변동 없음
4	32	단마다 8코 늘리기
3	24	
2	16	
1	8	시작코 사슬뜨기 8코

코 주위 ☐ 흰색

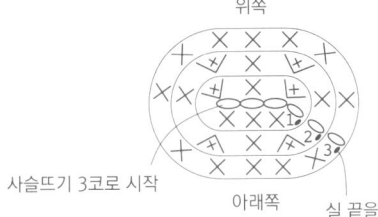

단	콧수	콧수 변동
3	12	변동 없음
2	12	4코 늘림
1	8	시작코 사슬뜨기 3코

꼬리 ▨ a=연회색, b=검정색

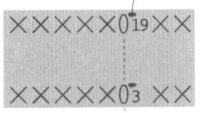

단	콧수	콧수 변동
2~19	7	변동 없음
1	7	원형 시작코 안에 짧은뜨기

꼬리 마무리 방법

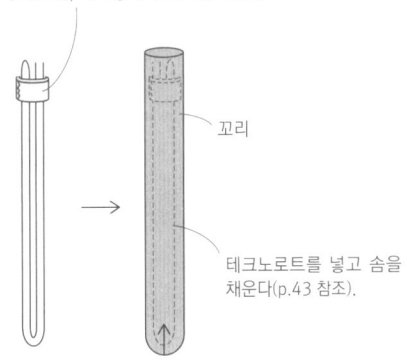

테크노로트(45cm)를 2번 접어(4가닥이 되도록), 마스킹테이프로 정리한다.

꼬리

테크노로트를 넣고 솜을 채운다(p.43 참조).

마무리 방법

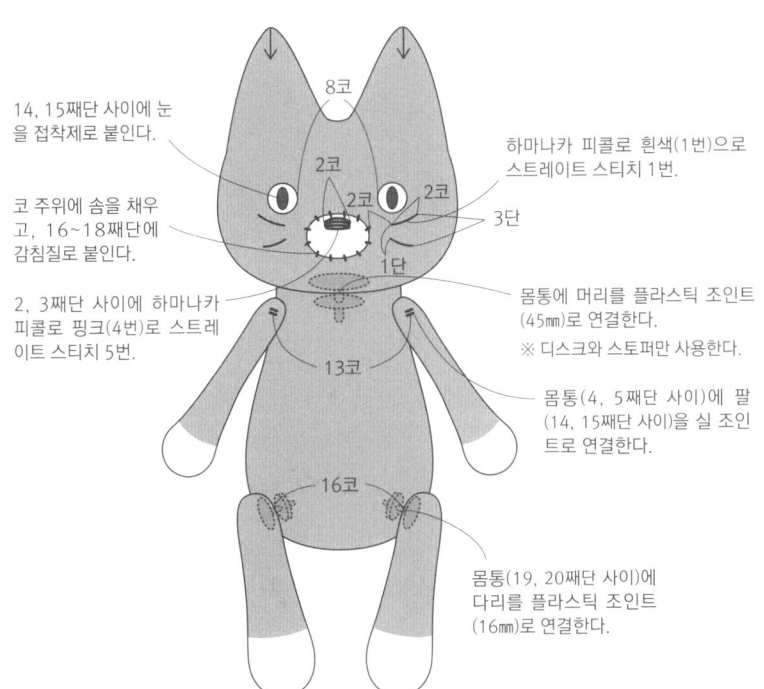

14, 15째단 사이에 눈을 접착제로 붙인다.

코 주위에 솜을 채우고, 16~18째단에 감침질로 붙인다.

2, 3째단 사이에 하마나카 피콜로 핑크(4번)로 스트레이트 스티치 5번.

하마나카 피콜로 흰색(1번)으로 스트레이트 스티치 1번.

몸통에 머리를 플라스틱 조인트(45mm)로 연결한다.
※ 디스크와 스토퍼만 사용한다.

몸통(4, 5째단 사이)에 팔(14, 15째단 사이)을 실 조인트로 연결한다.

몸통(19, 20째단 사이)에 다리를 플라스틱 조인트(16mm)로 연결한다.

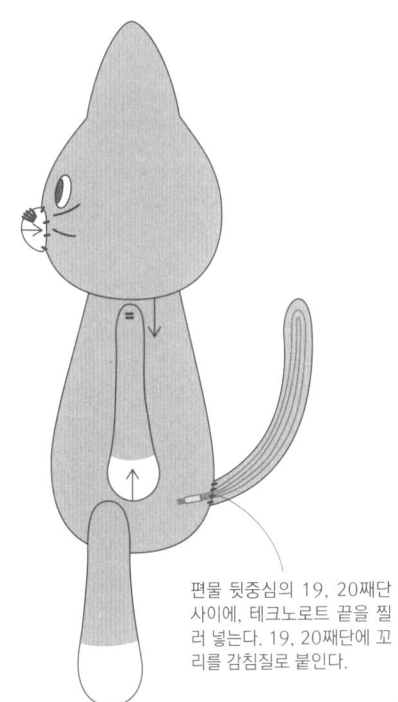

편물 뒷중심의 19, 20째단 사이에, 테크노로트 끝을 찔러 넣는다. 19, 20째단에 꼬리를 감침질로 붙인다.

판다 ····· p.14

◇ 사용하는 실
a 하마나카 아메리
　내추럴 화이트(20번) … 22g
　차콜그레이(30번) … 10g
b 하마나카 아메리 L(극태사)
　아이보리(101번) … 68g, 차콜그레이(111번) … 28g

◇ 그 밖의 재료
플라스틱 조인트
a 35mm(H430-501-35) … 1세트
b 20mm(H430-501-20) … 4세트
　45mm(H430-501-45) … 1세트
인형 단추눈 … 2개
a 9mm　**b** 13mm
인형 솜 (네오크린 와타와타, H405-401)
바느질용 실(단추눈용)

◇ 도구
a 5/0호 코바늘　**b** 8/0호 코바늘

◇ 완성 크기
a 가로 7.5×세로 13cm　**b** 가로 11×세로 20cm

◇ 만드는 방법
1. 머리를 뜬다(p.36 참조).
2. 팔과 다리를 뜬다.
3. 몸통을 뜨고, **b**는 플라스틱 조인트로 다리와 팔, 머리를 연결한다(p.39~41 참조). **a**는 플라스틱 조인트로 머리를 연결하고, 실 조인트로 팔과 다리를 연결한다(p.42 참조).
4. 꼬리를 뜨고, 몸통에 감침질로 붙인다.
5. 귀와 눈 주위, 코 주위를 뜨고, 머리에 감침질로 붙인다.
6. 눈 주위에 단추눈을 바느질용 실로 꿰매서 붙인다.
7. 자수로 코와 코 주위를 표현한다.

머리　☐ a=내추럴 화이트(5/0호 코바늘), b=아이보리(8/0호 코바늘)
※ 마지막 단 바로 아랫단까지 뜨고 솜을 채운 뒤, 디스크(a 35mm / b 45mm)를 넣고 마지막 단을 뜬다. 와셔와 스토퍼를 끼워둔다.

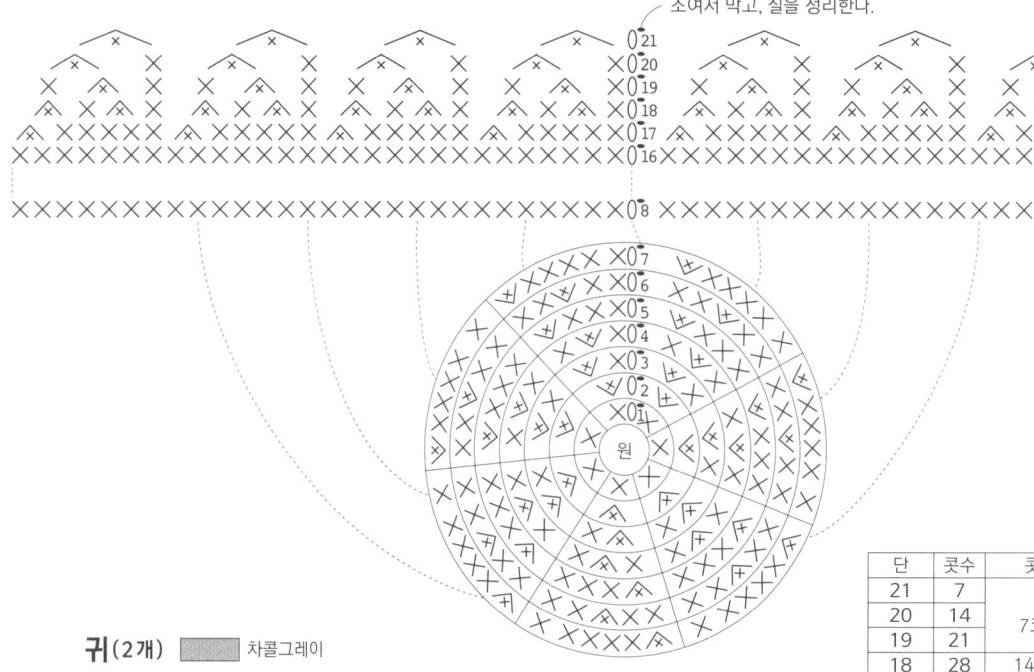

귀(2개)　■ 차콜그레이
a=5/0호 코바늘, b=8/0호 코바늘

눈 주위(2개)　■ 차콜그레이
a=5/0호 코바늘, b=8/0호 코바늘

단	콧수	콧수 변동
2	10	5코 늘리기
1	5	원형 시작코 안에 짧은뜨기

단	콧수	콧수 변동
21	7	단마다 7코 줄이기
20	14	
19	21	
18	28	14코 줄이기
17	42	7코 줄이기
8~16	49	변동 없음
7	49	
6	42	단마다 7코 늘리기
5	35	
4	28	
3	21	
2	14	
1	7	원형 시작코 안에 짧은뜨기

몸통

☐ a=내추럴 화이트, b=아이보리　■ 차콜그레이　a=5/0호 코바늘, b=8/0호 코바늘

※ 마지막 단 바로 아랫단까지 뜨고, b는 다리 디스크의 축과 팔 디스크의 축을 각각 정해진 위치에 찔러 넣은 뒤, 와셔와 스토퍼를 끼워서 연결한다.
솜을 채우고, 머리 조인트(a 35mm / b 45mm)를 밀어 넣는다. 마지막 단을 뜬다.

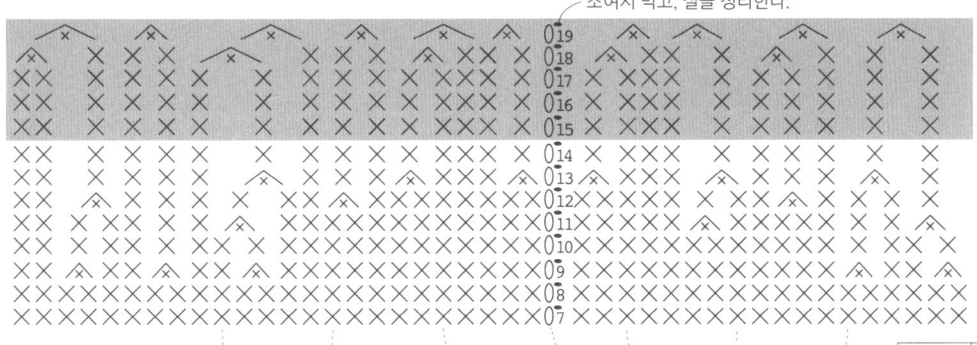

단	콧수	콧수 변동
19	10	10코 줄이기
18	20	5코 줄이기
14~17	25	변동 없음
13	25	6코 줄이기
12	31	단마다 3코 줄이기
11	34	
10	37	변동 없음
9	37	5코 줄이기
7·8	42	변동 없음
6	42	단마다 7코 늘리기
5	35	
4	28	
3	21	
2	14	
1	7	원형 시작코 안에 짧은뜨기

팔(2개) ■ 차콜그레이

a=5/0호 코바늘, b=8/0호 코바늘

※ b는 디스크(20mm)의 축을 7, 8째단 사이의 기둥코인 사슬코 가까이에 찔러 넣는다.

솜을 채운 뒤 조여서 막고, 실을 정리한다.

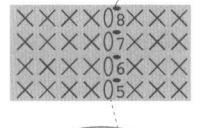

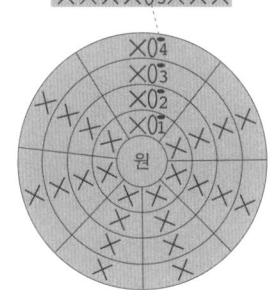

b는 디스크를 넣는다.
오른쪽 팔　왼쪽 팔　오른쪽 다리　왼쪽 다리
발

단	콧수	콧수 변동
7·8	7	변동 없음
6	7	3코 줄이기
5	10	4코 줄이기
3·4	14	변동 없음
2	14	7코 늘리기
1	7	원형 시작코 안에 짧은뜨기

다리(2개) ■ 차콜그레이

a=5/0호 코바늘, b=8/0호 코바늘

※ b는 디스크(20mm)의 축을 7, 8째단 사이의 지정된 위치(●)에 찔러 넣는다.

솜을 채운 뒤 조여서 막고, 실을 정리한다.
오른쪽 다리　왼쪽 다리

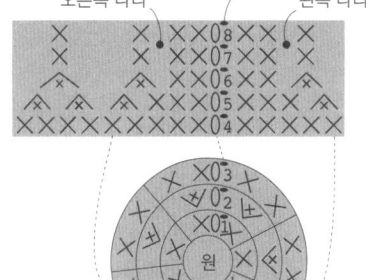

발쪽

꼬리

☐ a=내추럴 화이트(5/0호 코바늘)
　b=아이보리(8/0호 코바늘)

실 끝을 20cm 남긴다. 솜을 채운 뒤 조여서 막는다.

단	콧수	콧수 변동
4	6	3코 줄이기
3	9	변동 없음
2	9	3코 늘리기
1	6	원형 시작코 안에 짧은뜨기

코 주위

☐ a=내추럴 화이트(5/0호 코바늘)
　b=아이보리(8/0호 코바늘)

위쪽

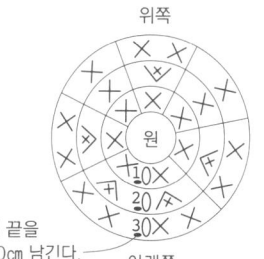

실 끝을 20cm 남긴다.
아래쪽

단	콧수	콧수 변동
3	12	변동 없음
2	12	5코 늘리기
1	7	원형 시작코 안에 짧은뜨기

※ 마무리 방법은 p.56 참조.

해달 p.16

◇ 사용하는 실
하마나카 소노모노 알파카 울(병태사)
초코 브라운(63번) … 22g, 회색(64번) … 9g, 아이보리(61번) … 5g
하마나카 피콜로
하늘색(12번) … 1g, 아이스 그린(48번) … 1g, 흰색(1번) … 30㎝

◇ 그 밖의 재료
플라스틱 조인트 16mm(H430-501-16) … 4세트
플라스틱 조인트 35mm(H430-501-35) … 1세트
인형 눈 9mm(코믹 아이, H220-409) … 2개
인형 코 12mm(H220-812-1) … 1개
25번 자수실 검정색 … 30㎝
인형 솜 (네오크린 와타와타, H405-401)

◇ 도구
해달 5/0호 코바늘, 조개 4/0호 코바늘

◇ 완성 크기
해달_ 가로 7×세로 19.5㎝
조개_ 가로 2.8×세로 2.5㎝

◇ 만드는 방법
1. 머리를 뜬다(p.36 1~9 참조).
2. 팔과 다리를 뜬다.
3. 몸통을 뜨고 머리, 팔, 다리를 플라스틱 조인트로 연결한다 (p.39 참조).
4. 꼬리를 뜨고, 몸통에 감침질로 붙인다.
5. 귀를 뜨고, 머리에 감침질로 붙인다.
6. 머리에 눈과 코를 접착제로 붙인다(p.43 참조).
7. 머리에 자수로 입을 표현한다.
8. 조개를 뜨고, 자수로 무늬를 표현한다.

머리 회색 아이보리 5/0호 코바늘

※ 마지막 단 바로 아랫단까지 뜨고 솜을 채운 뒤, 디스크(35mm)를 넣고 마지막 단을 뜬다.

조여서 막고, 실을 정리한다.

단	콧수	콧수 변동
20	12	12코 줄이기
19	24	단마다
18	32	8코 줄이기
17	40	5코 줄이기
10~16	45	변동 없음
9	45	5코 늘리기
8	40	변동 없음
7	40	5코 늘리기
6	35	변동 없음
5	35	단마다 7코 늘리기
4	28	
3	21	
2	14	
1	7	원형 시작코 안에 짧은뜨기

꼬리 초코 브라운 5/0호 코바늘

실 끝을 20㎝ 남긴다.

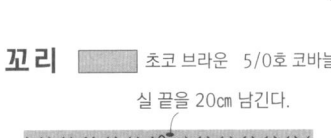

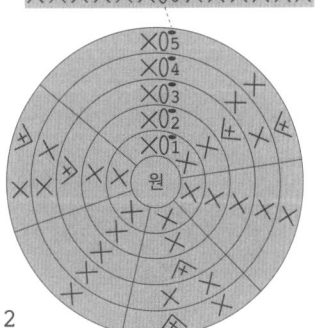

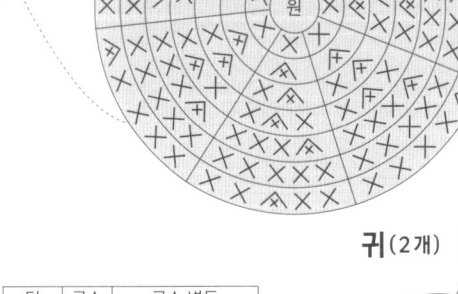

단	콧수	콧수 변동
6~9	12	변동 없음
5	12	3코 늘리기
4	9	변동 없음
3	9	코 늘리기
2	6	변동 없음
1	6	원형 시작코 안에 짧은뜨기

귀 (2개) 초코 브라운 5/0호 코바늘

실 끝을 20㎝ 남긴다.

단	콧수	콧수 변동
3	6	3코 줄이기
2	9	3코 늘리기
1	6	원형 시작코 안에 짧은뜨기

몸통 ■ 초코 브라운 5/0호 코바늘

※ 14째단까지 뜨고 머리 디스크의 축을 뜨기 시작한 부분(사슬 8코로 원을 만든 부분)에 찔러 넣은 뒤, 와셔와 스토퍼를 끼워서 연결한다.
  팔 디스크의 축을 정해진 위치에 찔러 넣고, 와셔와 스토퍼를 끼워서 연결한다.
  마지막 단 바로 아랫단까지 뜨고 다리 디스크의 축을 정해진 위치에 찔러 넣은 뒤, 와셔와 스토퍼를 끼워서 연결한다. 마지막 단을 뜬다.

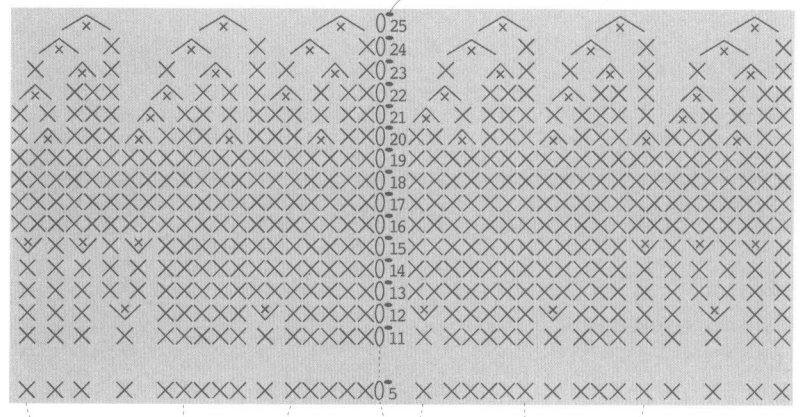

솜을 채운 뒤 조여서 막고, 실을 정리한다.

단	콧수	콧수 변동
25	6	단마다 6코 줄이기
24	12	
23	18	
22	24	
21	30	3코 줄이기
20	33	8코 줄이기
16~19	41	변동 없음
15	41	6코 늘리기
13·14	35	변동 없음
12	35	5코 늘리기
5~11	30	변동 없음
4	30	
3	24	단마다 6코 늘리기
2	18	
1	12	시작코 사슬뜨기 8코

시작은 사슬뜨기 8코로 원을 만든다.
1째단은 사슬뜨기로 만든 원 안에 바늘을 넣어 뜬다(머리 사슬 아래에 넣지 않고, 사슬 전체를 감아서 뜬다).

팔 (2개) ■ 초코 브라운 5/0호 코바늘

※ 디스크(16mm)의 축을 팔의 8, 9째단 사이의 기둥코인 사슬코 가까이에 찔러 넣는다(p.34 〈다리에 디스크를 넣는 방법〉 참조).

솜을 채운 뒤 조여서 막고, 실을 정리한다.

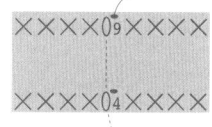
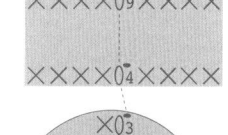

조개 (각 1개) □ 하늘색, 아이스 그린 4/0호 코바늘

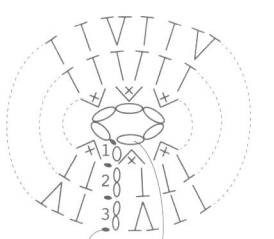

실 끝을 20cm 남긴다.
시작은 사슬뜨기 6코로 원을 만든다.

솜을 채운 뒤, 머리 사슬의 안쪽 1가닥씩을 맞대고 감침질한다.

하마나카 피콜로 흰색(1번)으로 스트레이트 스티치.

단	콧수	콧수 변동
4~9	8	변동 없음
3	8	2코 늘리기
2	6	변동 없음
1	6	원형 시작코 안에 짧은뜨기

다리 (2개) ■ 초코 브라운 5/0호 코바늘

※ 디스크(16mm)의 축을 다리의 5, 6째단 사이의 기둥코인 사슬코 가까이에 찔러 넣는다.

솜을 채운 뒤 조여서 막고, 실을 정리한다.

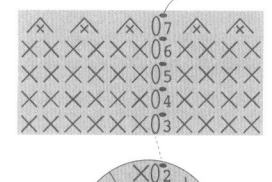
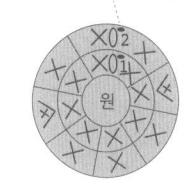

단	콧수	콧수 변동
7	5	5코 줄이기
3~6	10	변동 없음
2	10	2코 늘리기
1	8	원형 시작코 안에 짧은뜨기

마무리 방법

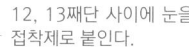
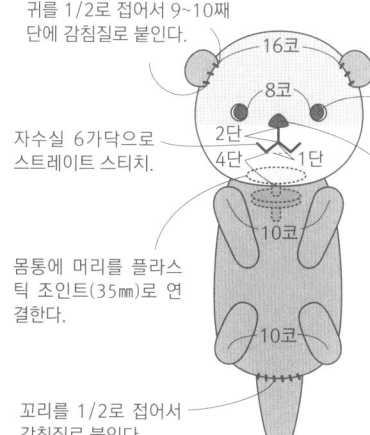

귀를 1/2로 접어서 9~10째단에 감침질로 붙인다.

12, 13째단 사이에 눈을 접착제로 붙인다.

자수실 6가닥으로 스트레이트 스티치.

13, 14째단 사이에 코를 접착제로 붙인다.

몸통에 머리를 플라스틱 조인트(35mm)로 연결한다.

몸통(7, 8째단 사이에) 팔을 플라스틱 조인트(16mm)로 연결한다.

꼬리를 1/2로 접어서 감침질로 붙인다.

몸통(19, 20째단 사이에) 다리를 플라스틱 조인트(16mm)로 연결한다.

코끼리 ····· p.20

◇ 사용하는 실
하마나카 폼 베이비 컬러
a 하늘색(97번) ··· 21g
b 노란색(93번) ··· 21g

하마나카 피콜로
a 라벤더(49번) ··· 1g, 브라이트 오렌지(51번) ··· 1g
  연핑크(40번) ··· 1g, 민트 그린(57번) ··· 1g
b 시안 블루(43번) ··· 1g, 레몬색(8번) ··· 1g
  흰색(1번) ··· 1g, 핫핑크(22번) ··· 1g

◇ 그 밖의 재료
플라스틱 조인트 16mm(H430-501-16) ··· 4세트
테크노로트(H204-593) ··· 65cm
인형 눈 6mm(솔리드 아이, H221-306-1) ··· 2개
인형 솜(네오크린 와타와타, H405-401)

◇ 도구
4호/0, 5/0호 코바늘

◇ 완성 크기
세로 7.5×깊이 11cm(코는 제외)

◇ 만드는 방법
1. 다리를 뜬다.
2. 코, 머리, 몸통을 뜨고, 코에 테크노로트를 넣은 뒤(p.43의 1~2 참조), 다리를 플라스틱 조인트로 연결한다(p.39 참조).
3. 꼬리와 등 장식을 뜨고, 몸통에 감침질로 붙인다.
4. 귀를 뜨고, 머리에 감침질로 붙인다.
5. 머리에 눈을 접착제로 붙인다(p.43 참조).

다리(4개) a=하늘색, b=노란색 5/0호 코바늘

※ 발이 앞으로 오게 놓고, 디스크(16mm)의 축을 7, 8째단 사이의 정해진 위치(●)에 찔러 넣는다(p.34 〈다리에 디스크를 넣는 방법〉 참조).

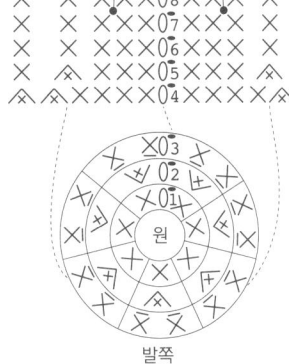

단	콧수	콧수 변동
6~8	9	변동 없음
5	9	2코 줄이기
4	11	3코 줄이기
3	14	변동 없음
2	14	7코 늘리기
1	7	원형 시작코 안에 짧은뜨기

등 장식

	a=라벤더, b=시안 블루
	a=브라이트 오렌지, b=레몬
	a=연핑크, b=흰색
	a=민트 그린, b=핫핑크

4/0호 코바늘

실을 연결한다.   실을 자른다.

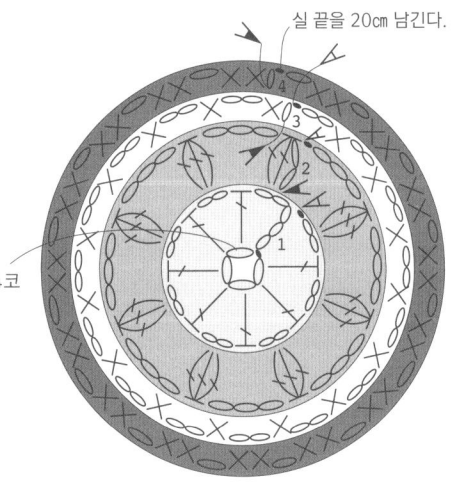

귀(2개) a=하늘색, b=노란색 5/0호 코바늘

●에서 코를 주워 가장자리 뜨기를 뜬다.

꼬리 a=하늘색, b=노란색 5/0호 코바늘

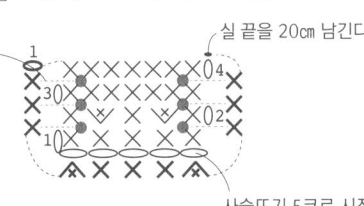

코·머리·몸통   a=하늘색, b=노란색   5/0호 코바늘

※ 44째단까지 뜨고 코에 테크노로트를 넣은 뒤, 다리 디스크의 축을 정해진 위치에 찔러 넣고 와셔와 스토퍼를 끼워서 연결한다. 남은 단을 뜬다.

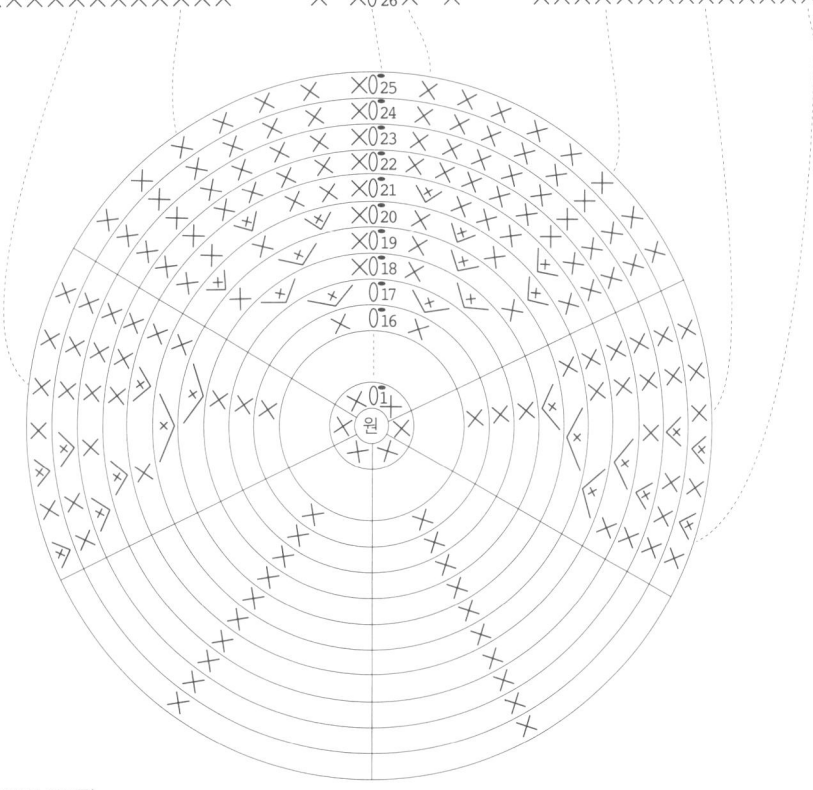

단	콧수	콧수 변동
47	6	단마다 6코 줄이기
46	12	
45	18	
44	24	
36~43	30	변동 없음
35	30	3코 줄이기
33·34	33	변동 없음
32	33	단마다 2코 줄이기
31	35	
30	37	4코 줄이기
29	41	
28	39	단마다 2코 늘리기
27	37	
26	35	변동 없음
25	35	4코 늘리기
24	31	
23	29	단마다 2코 늘리기
22	27	
21	25	5코 늘리기
20	20	6코 늘리기
19	14	4코 늘리기
18	10	단마다 2코 늘리기
17	8	
2~16	6	변동 없음
1	6	원형 시작코 안에 짧은뜨기

마무리 방법

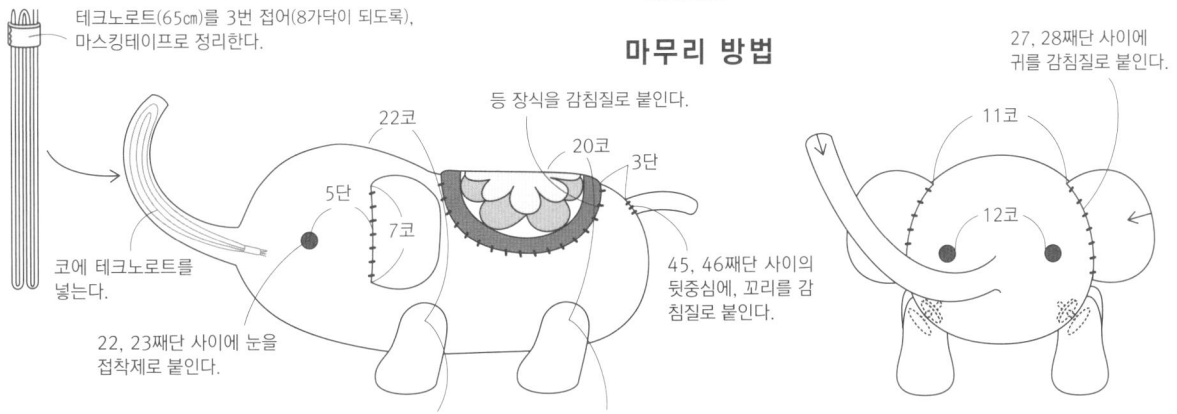

로봇 ····· p.22

◇ 사용하는 실
하마나카 피콜로
a 회색(33번) … 6g, 시안 블루(43번) … 5g
  크림(41번) … 2g, 군청색(36번) … 2g
  핫핑크(22번) … 2g, 흰색(1번) … 1g
  형광 오렌지(58번) … 50cm, 레몬색(8번) … 50cm
b 라벤더(49번) … 5g, 진노란색(25번) … 5g, 흰색(1번) … 2g
  빨간색(6번) … 2g, 형광 노란색(56번) … 2g
  민트 그린(57번) … 2g, 군청색(36번) … 1g
  핫핑크(22번) … 50cm

◇ 그 밖의 재료
플라스틱 조인트 45mm(H430-501-45) … 1세트 + 와셔 1개
플라스틱 조인트 20mm(H430-501-20) … 디스크 2개
인형 솜 (네오크린 와타와타, H405-401)

◇ 도구
4/0호 코바늘

◇ 완성 크기
가로 6 × 세로 13cm

◇ 만드는 방법
1. 머리를 뜬다(p.36 참조).
2. 몸통을 뜨고, 머리를 연결한다(p.41 참조).
3. 몸통 바닥을 뜨고, 바닥 판이 될 와셔(45mm)를 몸통에 넣은 뒤 감침질로 붙인다.
4. 다리를 뜨고, 몸통 바닥에 감침질로 붙인다.
5. 팔을 뜨고, 실 조인트로 몸통에 연결한다(p.42 참조).
6. 계기판을 뜨고, 몸통에 감침질로 붙인다.
7. 안테나를 뜨고, 머리에 감침질로 붙인다.
8. 머리에 자수로 눈과 입을 표현한다.

몸통  a=회색, b=라벤더 / a=핫핑크, b=형광 노란색

※ 머리 디스크의 축을 뜨기 시작한 부분(사슬 7코로 원을 만든 부분)에 찔러 넣고, 와셔와 스토퍼를 끼워서 연결한다.

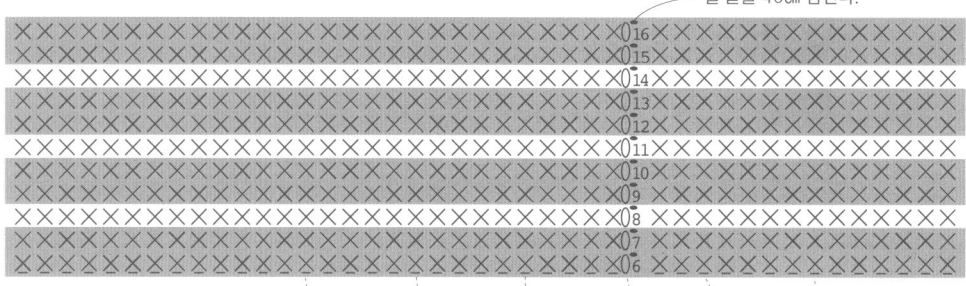

시작은 사슬뜨기 7코로 원을 만든다. 1째단은 사슬뜨기로 만든 원 안에 바늘을 넣어 뜬다(머리 사슬 아래에 넣지 않고, 사슬 전체를 감아서 뜬다).

실 끝을 40cm 남긴다.

단	콧수	콧수 변동
6~16	42	변동 없음
5	42	
4	35	단마다 7코 늘리기
3	28	
2	21	
1	14	시작코 사슬뜨기 7코

몸통 바닥 a=회색, b=라벤더

● = 몸통과 겹쳐서 감침질할 때, 코를 2번 줍는 위치.

단	콧수	콧수 변동
5	35	
4	28	단마다 7코 늘리기
3	21	
2	14	
1	7	원형 시작코 안에 짧은뜨기

몸통 마무리 방법

몸통에 솜을 채우고, 바닥 판이 될 와셔(45mm)를 넣는다. 몸통 바닥 마지막 단의 머리 사슬과 몸통 마지막 단의 머리 사슬에서, 각각 뒤쪽 반 코를 주워서 감침질한다.

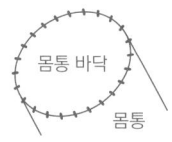

몸통 바닥 / 몸통

계기판 □ 흰색

● 부분은 a는 형광 오렌지, b는 핫핑크로 실을 5번 감은 프렌치노트 스티치.

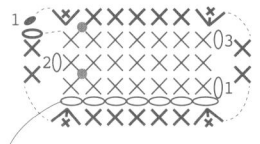

사슬뜨기 7코로 시작

머리   a=시안 블루, b=진노란색

※ 마지막 단 바로 아랫단까지 뜨고 솜을 채운 뒤, 디스크(45mm)를 넣고 마지막 단을 뜬다.

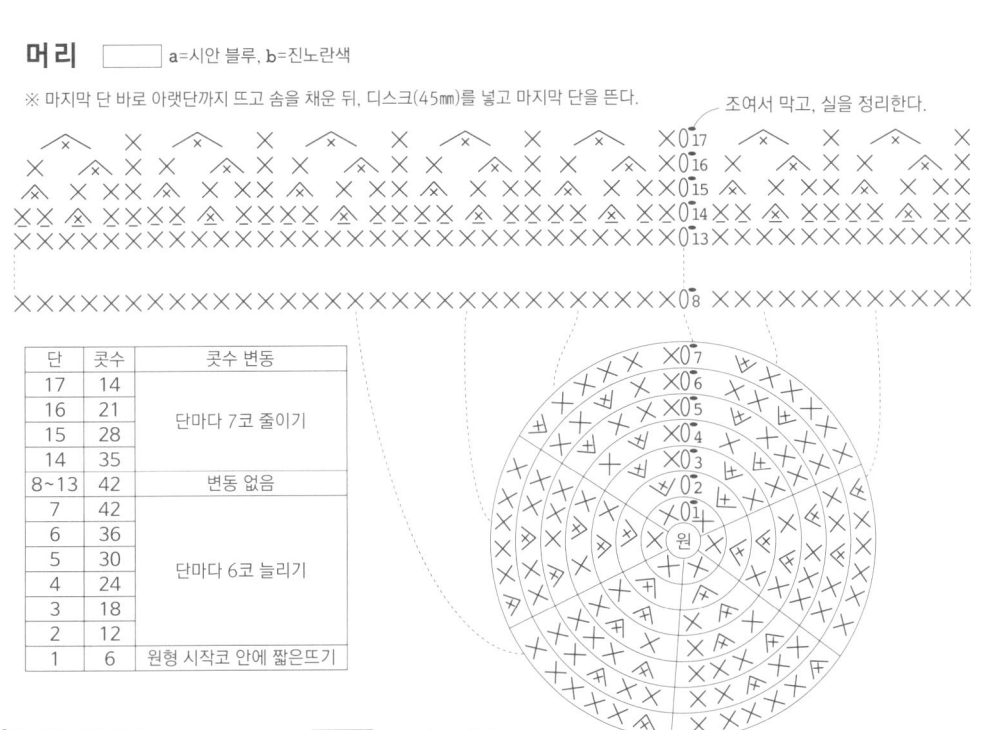

조여서 막고, 실을 정리한다.

단	콧수	콧수 변동
17	14	단마다 7코 줄이기
16	21	
15	28	
14	35	
8~13	42	변동 없음
7	42	단마다 6코 늘리기
6	36	
5	30	
4	24	
3	18	
2	12	
1	6	원형 시작코 안에 짧은뜨기

다리(2개)   a=군청색, b=빨간색   a=크림, b=흰색

※ 4째단까지 뜬 뒤 바닥 판이 될 디스크(20mm)를 속에 넣고, 남은 단을 뜬다.

실 끝을 20cm 남긴다.

디스크

단	콧수	콧수 변동
6~9	7	변동 없음
5	7	단마다 7코 줄이기
4	14	
3	21	단마다 7코 늘리기
2	14	
1	7	원형 시작코 안에 짧은뜨기

안테나

  a=핫핑크, b=군청색
  a=크림, b=라벤더

실 끝을 20cm 남긴다.

단	콧수	콧수 변동
5·6	6	변동 없음
4	6	3코 줄이기
3	9	변동 없음
2	9	3코 늘리기
1	6	원형 시작코 안에 짧은뜨기

팔(2개)

  a=크림, b=민트 그린
  a=회색, b=형광 노란색

↙ 실을 연결한다.   ↙ 실을 자른다.

실 끝을 20cm 남긴다.

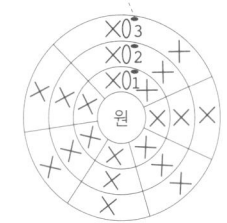

단	콧수	콧수 변동
2~7	7	변동 없음
1	7	원형 시작코 안에 짧은뜨기

마무리 방법

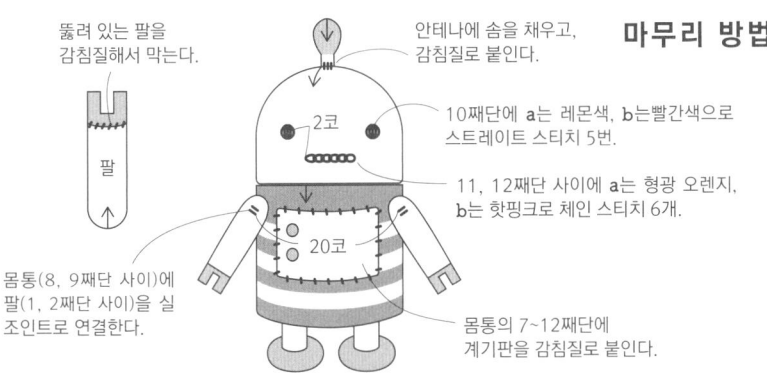

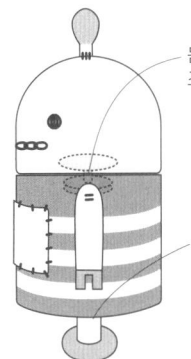

뚫려 있는 팔을 감침질해서 막는다.

안테나에 솜을 채우고, 감침질로 붙인다.

10째단에 a는 레몬색, b는 빨간색으로 스트레이트 스티치 5번.

11, 12째단 사이에 a는 형광 오렌지, b는 핫핑크로 체인 스티치 6개.

몸통(8, 9째단 사이)에 팔(1, 2째단 사이)을 실 조인트로 연결한다.

몸통의 7~12째단에 계기판을 감침질로 붙인다.

몸통에 머리를 플라스틱 조인트(45mm)로 연결한다.

몸통 바닥의 3, 4째단에 다리를 감침질로 붙인다.

비행기 ····· p.24

◇ **사용하는 실**
하마나카 완파쿠 데니스
파란색(45번) ··· 11g, 하늘색(47번) ··· 6g, 흰색(1번) ··· 4g
노란색(3번) ··· 3g, 빨간색(19번) ··· 1g

◇ **그 밖의 재료**
플라스틱 조인트 16mm(H430-501-16) ··· 1세트
인형 솜(네오크린 와타와타, H405-401)

◇ **도구**
5/0호 코바늘

◇ **완성 크기**
가로(날개~날개) 14 × 깊이 14cm

◇ **만드는 방법**
1. 프로펠러 중심을 뜬다(p.36 1~9 참조).
2. 프로펠러를 뜨고, 프로펠러 중심에 감침질로 붙인다.
3. 본체를 뜨고, 프로펠러 중심을 플라스틱 조인트로 연결한다(p.41 참조).
4. 날개, 위쪽 꼬리 날개, 옆쪽 꼬리 날개를 뜨고, 본체에 감침질로 붙인다.

본체 ■ 파란색 □ 흰색

※ 21째단까지 뜨고 프로펠러 중심 디스크의 축을 뜨기 시작한 부분(사슬 5코로 원을 만든 부분)에 찔러 넣은 뒤, 와셔와 스토퍼를 끼워서 연결한다. 남은 단을 뜬다.

솜을 채운 뒤 조여서 막고, 실을 정리한다.

시작은 사슬뜨기 5코로 원을 만든다.
1째단은 사슬뜨기로 만든 원 안에 바늘을 넣어서 뜬다(머리 사슬 아래에 넣지 않고, 사슬 전체를 감아서 뜬다).

단	콧수	콧수 변동
30	10	5코 줄이기
25~29	15	변동 없음
24	15	5코 줄이기
23	20	변동 없음
22	20	5코 줄이기
20·21	25	변동 없음
19	25	5코 줄이기
17·18	30	변동 없음
16	30	5코 줄이기
7~15	35	변동 없음
6	35	7코 늘리기
5	28	변동 없음
4	28	
3	21	단마다 7코 늘리기
2	14	
1	7	시작코 사슬뜨기 5코

프로펠러 중심 ■ 빨간색

※ 솜을 채운 뒤 디스크를 넣는다.

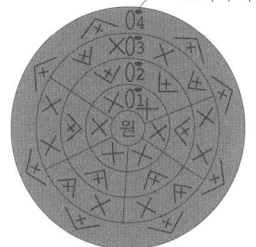

조여서 막고, 실을 정리한다.

단	콧수	콧수 변동
4	8	8코 줄이기
3	16	4코 늘리기
2	12	6코 늘리기
1	6	원형 시작코 안에 짧은뜨기

날개 (2개) ■ 하늘색 □ 흰색

실 끝을 20cm 남긴다.

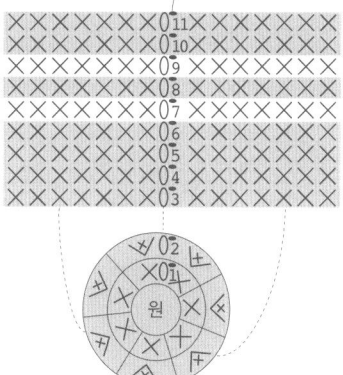

단	콧수	콧수 변동
3~11	14	변동 없음
2	14	7코 늘리기
1	7	원형 시작코 안에 짧은뜨기

프로펠러 (2개) □ 노란색

실 끝을 20cm 남긴다.

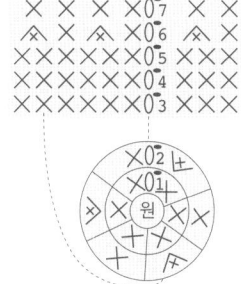

단	콧수	콧수 변동
7	6	변동 없음
6	6	3코 줄이기
3~5	9	변동 없음
2	9	3코 늘리기
1	6	원형 시작코 안에 짧은뜨기

옆쪽 꼬리 날개 (2개) ■ 하늘색

실 끝을 20cm 남긴다.

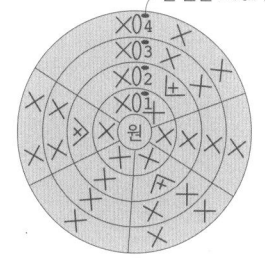

단	콧수	콧수 변동
3·4	9	변동 없음
2	9	3코 늘리기
1	6	원형 시작코 안에 짧은뜨기

위쪽 꼬리 날개 ■ 파란색

실 끝을 20cm 남긴다.

단	콧수	콧수 변동
3·4	9	변동 없음
2	9	3코 늘리기
1	6	원형 시작코 안에 짧은뜨기

마무리 방법

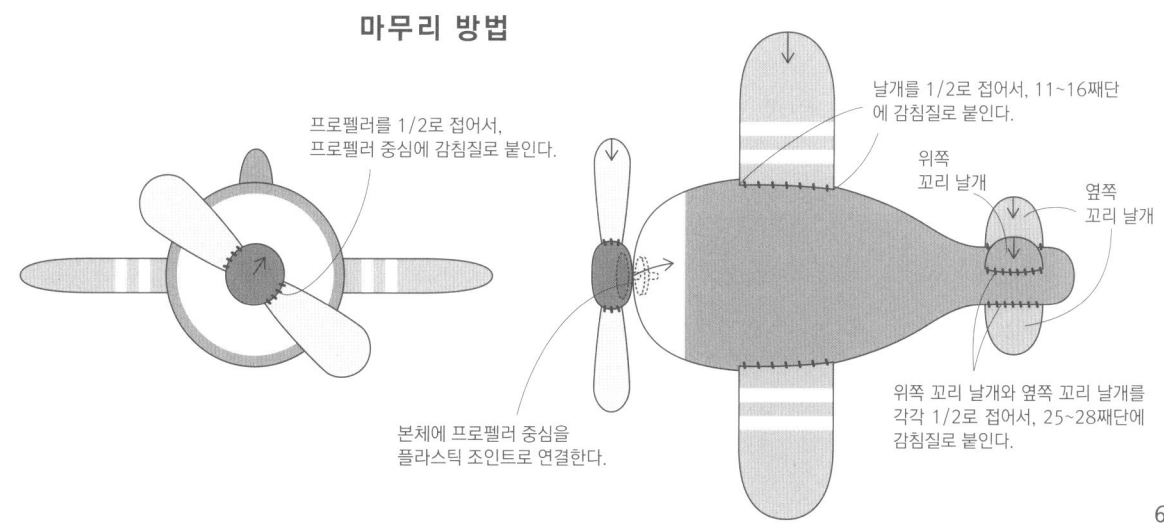

프로펠러를 1/2로 접어서, 프로펠러 중심에 감침질로 붙인다.

본체에 프로펠러 중심을 플라스틱 조인트로 연결한다.

날개를 1/2로 접어서, 11~16째단에 감침질로 붙인다.

위쪽 꼬리 날개

옆쪽 꼬리 날개

위쪽 꼬리 날개와 옆쪽 꼬리 날개를 각각 1/2로 접어서, 25~28째단에 감침질로 붙인다.

소녀 ····· p.26

◇ 사용하는 실
하마나카 피콜로

a 옐로 베이지(45번) ··· 13g, 흰색(1번) ··· 4g
  핑크 오렌지(47번) ··· 30cm
b 아이스 그린(48번) ··· 6g, 아이보리(2번) ··· 1g
c 노란색(42번) ··· 5g, 흰색(1번) ··· 1g
d 파란색(13번) ··· 3g, 진회색(50번) ··· 1g
e 빨간색(6번) ··· 2g
f 밝은 갈색(21번) ··· 2g, 짙은 갈색(17번) ··· 50cm
g 민트 그린(57번) ··· 1g, 연베이지(16번) ··· 1g
  흰색(1번) ··· 1g, 검정색(20번) ··· 30cm

하마나카 이토아 뜨개 인형이 뜨고 싶어지는 실

a 짙은 갈색(315번) ··· 3g

◇ 그 밖의 재료
플라스틱 조인트 20mm(H430-501-20) ··· 1세트
테크노로트(H240-593) ··· 180cm
인형 눈 6.5×5mm(애니멀 아이, H221-205-1) ··· 2개
스냅 단추 7mm ··· 4쌍
인형 솜(네오크린 와타와타, H405-401)

◇ 도구
3/0호 코바늘

◇ 완성 크기
a 가로 5.5×세로 17cm   b 가로 10.5×세로 8cm
c 가로 7×세로 5.5cm   d 가로 4.5×세로 5cm
e 세로 1.5×깊이 2.5cm   f 세로 2.5×깊이 2.5cm
g 세로 2.5×깊이 2.5cm

◇ 만드는 방법
1. 몸통을 뜬다(p.36 1~9 참조).
2. 머리를 뜨고, 몸통에 플라스틱 조인트로 연결한다(p.41 참조).
3. 팔과 다리를 뜨고 테크노로트를 넣은 뒤(p.43 1~2 참조), 몸통에 실 조인트로 연결한다(p.42 참조).
4. 머리에 자수로 코와 입을 표현한다.
5. 머리에 눈을 접착제로 붙인다(p.43 참조).
6. 머리에서 코를 주워 귀를 뜬다.
7. 머리카락을 뜨고 머리에 접착제로 붙인다.

---

a 소녀 인형　**몸통**　 옐로 베이지　흰색

※ 20째단까지 뜨고 솜을 채운 뒤, 디스크를 넣고 남은 단을 뜬다.

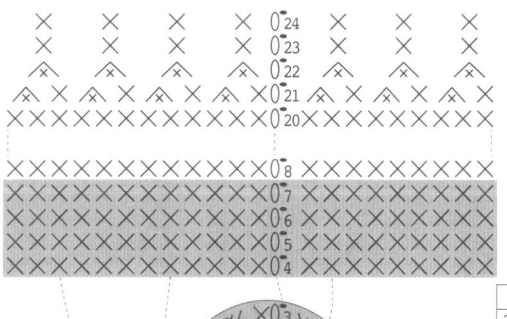

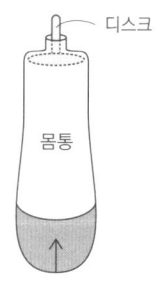

단	콧수	콧수 변동
23·24	7	변동 없음
22	7	단마다 7코 줄이기
21	14	
4~20	21	변동 없음
3	21	단마다 7코 늘리기
2	14	
1	7	원형 시작코 안에 짧은뜨기

팔, 다리 마무리 방법

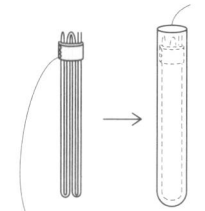

팔(2개)과 다리(2개)에 테크노로트를 넣고, 마지막 단을 조여서 막는다.

테크노로트(45cm)를 3번 접어서(8가닥이 되도록), 마스킹테이프로 정리한다. 같은 것을 4개 만든다.

팔(2개)

　옐로 베이지

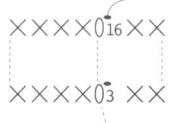

조여서 막고, 실을 정리한다.

단	콧수	콧수 변동
2~16	6	변동 없음
1	6	원형 시작코 안에 짧은뜨기

다리(2개)

　옐로 베이지

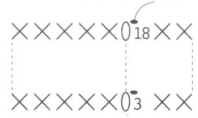

조여서 막고, 실을 정리한다.

단	콧수	콧수 변동
2~18	7	변동 없음
1	7	원형 시작코 안에 짧은뜨기

머리 (옐로 베이지)

※ 15째단까지 뜨고 몸통 디스크의 축을 뜨기 시작한 부분(사슬 6코로 원을 만든 부분)에 찔러 넣은 뒤, 와셔와 스토퍼를 끼워서 연결한다. 남은 단을 뜬다.

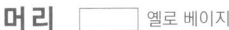

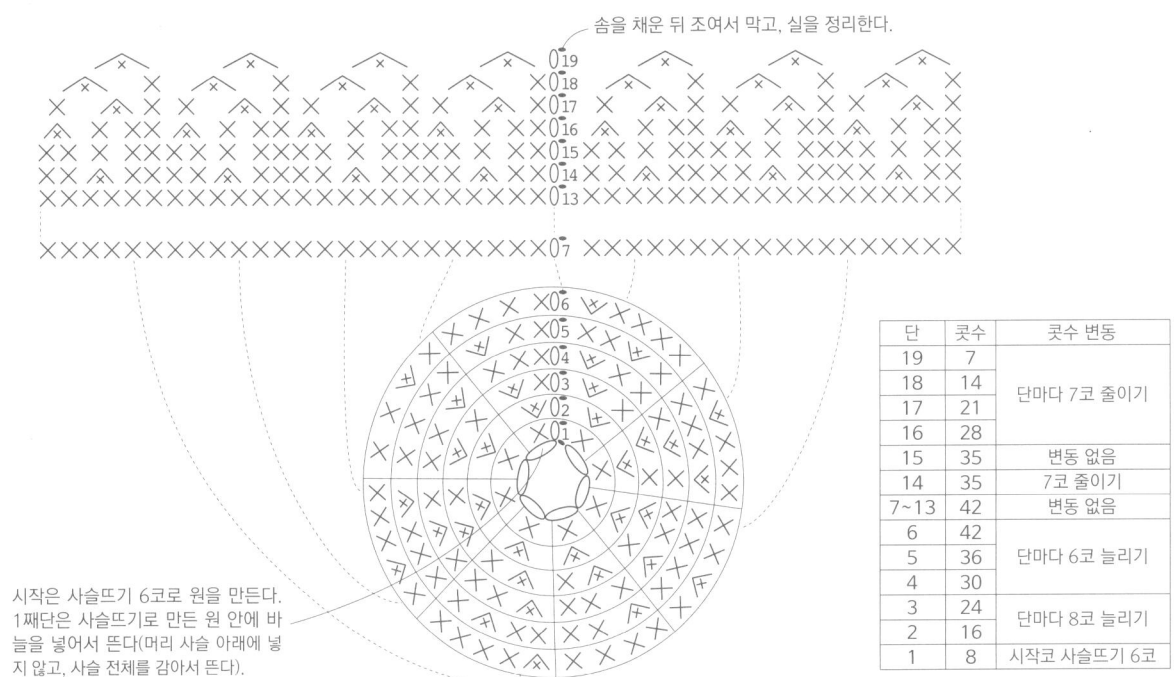

솜을 채운 뒤 조여서 막고, 실을 정리한다.
19
18
17
16
15
14
13
7
6
5
4
3
2
1
시작은 사슬뜨기 6코로 원을 만든다. 1째단은 사슬뜨기로 만든 원 안에 바늘을 넣어서 뜬다(머리 사슬 아래에 넣지 않고, 사슬 전체를 감아서 뜬다).

단	콧수	콧수 변동
19	7	단마다 7코 줄이기
18	14	
17	21	
16	28	
15	35	변동 없음
14	35	7코 줄이기
7~13	42	변동 없음
6	42	단마다 6코 늘리기
5	36	
4	30	
3	24	단마다 8코 늘리기
2	16	
1	8	시작코 사슬뜨기 6코

머리카락 (짙은 갈색)

사슬뜨기 15코
사슬뜨기 15코로 10가닥
사슬뜨기 15코로 10가닥
3
2
1
원
사슬뜨기 7코로 1가닥
사슬뜨기 7코로 1가닥
사슬뜨기 5코로 6가닥
얼굴쪽

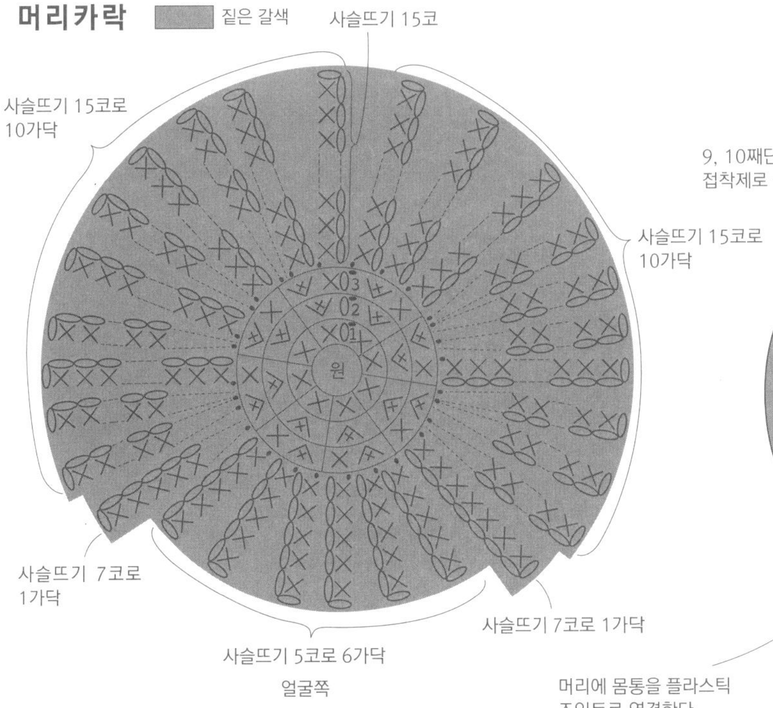

단	콧수	콧수 변동
3	24	단마다 8코 늘리기
2	16	
1	8	원형 시작코 안에 짧은뜨기

〈 3째단 뜨는 방법 〉

1. 기둥코가 될 사슬 1코와 짧은뜨기 1코를 뜨고, 사슬뜨기 15코를 뜬다.
2. 기둥코가 될 사슬 1코와 짧은뜨기 15코를 뜨고, 1에서 뜬 1번째 짧은뜨기 코에 피코뜨기와 같은 방법으로 빼뜨기를 뜬다.
3. 같은 방법으로 도안을 참조하여 나머지를 뜬다.

마무리 방법

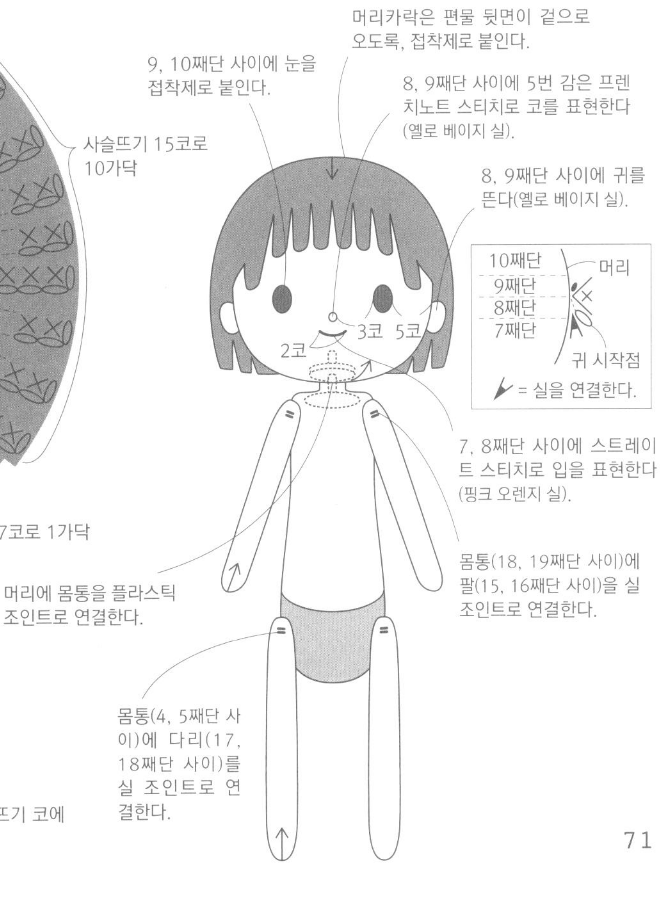

머리카락은 편물 뒷면이 겉으로 오도록, 접착제로 붙인다.
9, 10째단 사이에 눈을 접착제로 붙인다.
8, 9째단 사이에 5번 감은 프렌치노트 스티치로 코를 표현한다(옐로 베이지 실).
8, 9째단 사이에 귀를 뜬다(옐로 베이지 실).
3코
5코
2코
7, 8째단 사이에 스트레이트 스티치로 입을 표현한다(핑크 오렌지 실).
몸통(18, 19째단 사이)에 팔(15, 16째단 사이)을 실 조인트로 연결한다.
머리에 몸통을 플라스틱 조인트로 연결한다.
몸통(4, 5째단 사이)에 다리(17, 18째단 사이)를 실 조인트로 연결한다.
10째단
9째단
8째단
7째단
머리
귀 시작점
= 실을 연결한다.

b 원피스

■ 아이스 그린　□ 아이보리　　　✓ = 실을 연결한다.

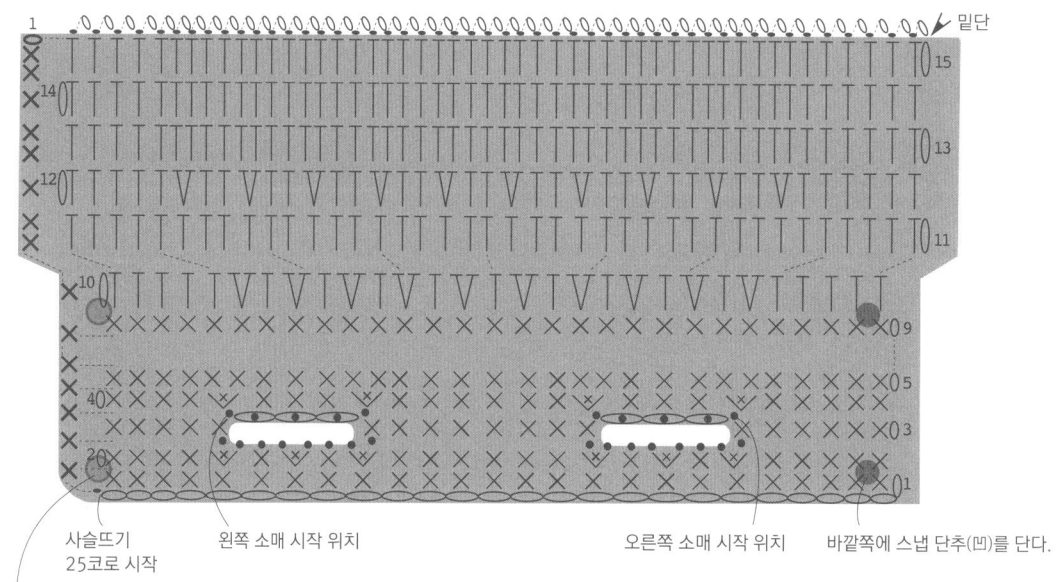

사슬뜨기 25코로 시작　왼쪽 소매 시작 위치　오른쪽 소매 시작 위치　바깥쪽에 스냅 단추(凹)를 단다.

안쪽에 스냅 단추(凸)를 단다.

단	콧수	콧수 변동
13~15	49	변동 없음
12	49	10코 늘리기
11	39	변동 없음
10	39	10코 늘리기
5~9	29	변동 없음
4	29	4코 늘리기
3	25	6코 줄이기
2	31	6코 늘리기
1	25	시작코 사슬뜨기 25코

소매는 각각의 ●에서 1코씩 모두 13코를 주워, 짧은뜨기를 1단 뜬다.

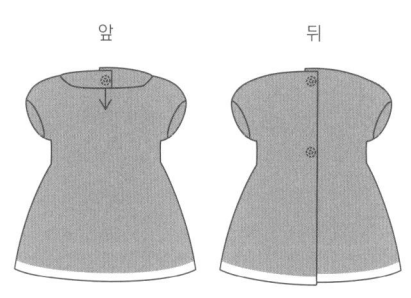

〈 뜨는 순서 〉
1. 몸판을 뜬다.
2. 몸판에서 코를 주워, 소매를 뜬다.
3. 몸판에서 코를 주워, 밑단을 뜬다.
4. 스냅 단추를 단다.

앞　뒤

c 티셔츠

■ 노란색　□ 흰색　　　✓ = 실을 연결한다.

안쪽에 스냅 단추(凸)를 단다.　바깥쪽에 스냅 단추(凹)를 단다.

사슬뜨기 25코로 시작　왼쪽 소매 시작 위치　옷깃　오른쪽 소매 시작 위치

단	콧수	콧수 변동
7~13	35	변동 없음
6	35	6코 늘리기
5	29	변동 없음
4	29	4코 늘리기
3	25	6코 줄이기
2	31	6코 늘리기
1	25	시작코 사슬뜨기 25코

소매는 각각의 ●에서 1코씩 모두 13코를 주워, 짧은뜨기를 3단 뜬다.

〈 뜨는 순서 〉
1. 몸판을 뜬다.
2. 몸판에서 코를 주워, 소매를 뜬다.
3. 몸판의 시작코에서 코를 주워, 옷깃을 뜬다.
4. 스냅 단추를 단다.

앞　뒤

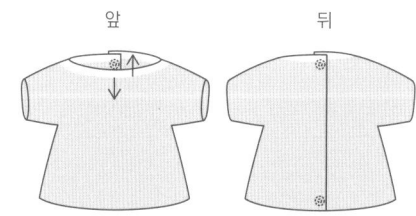

d 바지

파란색 / 진회색

✎ = 실을 연결한다.

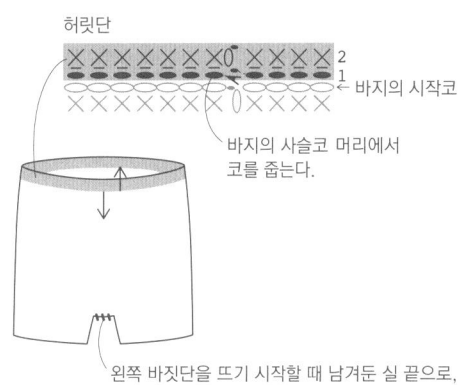

시작은 사슬뜨기 26코로 원을 만든다.
시작할 때 실 끝을 20cm 남긴다.
바지의 사슬코 머리에서 코를 줍는다.
왼쪽 바짓단을 뜨기 시작할 때 남겨둔 실 끝으로, 가랑이의 ✕ 끼리 감침질한다.

〈 뜨는 순서 〉
1. 바지를 뜨고, 계속해서 오른쪽 바짓단을 뜬다.
2. 실을 연결하여 왼쪽 바짓단을 뜬다.
3. 바지의 시작코에서 코를 주워, 허릿단을 뜬다.

e 구두(2개)

빨간색

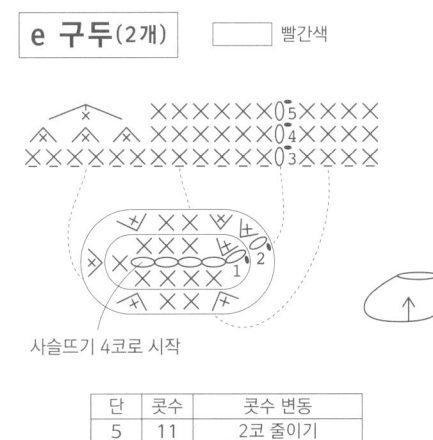

사슬뜨기 4코로 시작

단	콧수	콧수 변동
5	11	2코 줄이기
4	13	3코 줄이기
3	16	변동 없음
2	16	6코 늘리기
1	10	시작코 사슬뜨기 4코

f 부츠(2개)

밝은 갈색

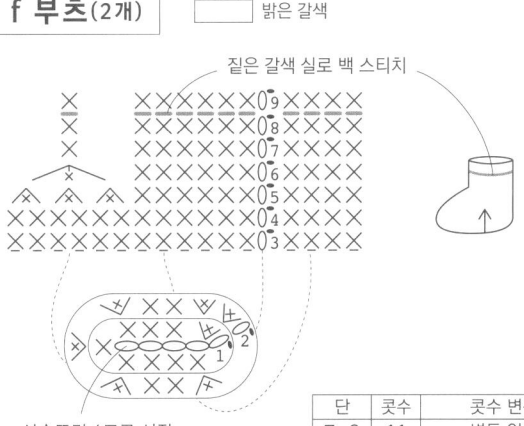

짙은 갈색 실로 백 스티치
사슬뜨기 4코로 시작

단	콧수	콧수 변동
7~9	11	변동 없음
6	11	2코 줄이기
5	13	3코 줄이기
3·4	16	변동 없음
2	16	6코 늘리기
1	10	시작코 사슬뜨기 4코

g 운동화(2개)

연베이지 / 민트 그린 / 흰색

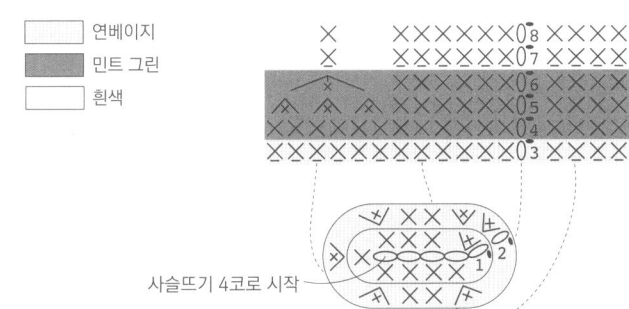
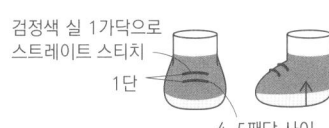

사슬뜨기 4코로 시작

검정색 실 1가닥으로 스트레이트 스티치
1단
4, 5째단 사이

단	콧수	콧수 변동
7·8	11	변동 없음
6	11	2코 줄이기
5	13	3코 줄이기
3·4	16	변동 없음
2	16	6코 늘리기
1	10	시작코 사슬뜨기 4코

꼬마곰 ····· p.28

◇ 사용하는 실
하마나카 이토아 뜨개 인형이 뜨고 싶어지는 실
a 퍼플(327번) ··· 8g
b 핑크(320번) ··· 8g
c 그린(322번) ··· 8g
d 크림(321번) ··· 8g
공통 흰색(301번) ··· 1g

◇ 그 밖의 재료
인형 눈 6mm(솔리드 아이, H221-306-1) ··· 2개
인형 코 4.5mm(갈색, H220-804-2) ··· 1개
인형 솜(네오크린 와타와타, H405-401)
《 키링으로 만드는 경우 》
오링 8mm ··· 1개
볼 체인 ··· 1개

◇ 도구
4/0호 코바늘

◇ 완성 크기
가로 4.7×세로 10㎝

◇ 만드는 방법
1. 머리를 뜬다.
2. 몸통을 뜨고, 머리에 감침질로 붙인다.
3. 팔과 다리를 뜨고, 몸통에 실 조인트로 연결한다(p.42 참조).
4. 꼬리를 뜨고, 몸통에 감침질로 붙인다.
5. 귀와 코 주위를 뜨고, 머리에 감침질로 붙인다.
6. 머리에 눈과 코를 접착제로 붙인다(p.43 참조).
7. 키링으로 만드는 경우, 머리에 오링을 달고 볼 체인을 끼운다.

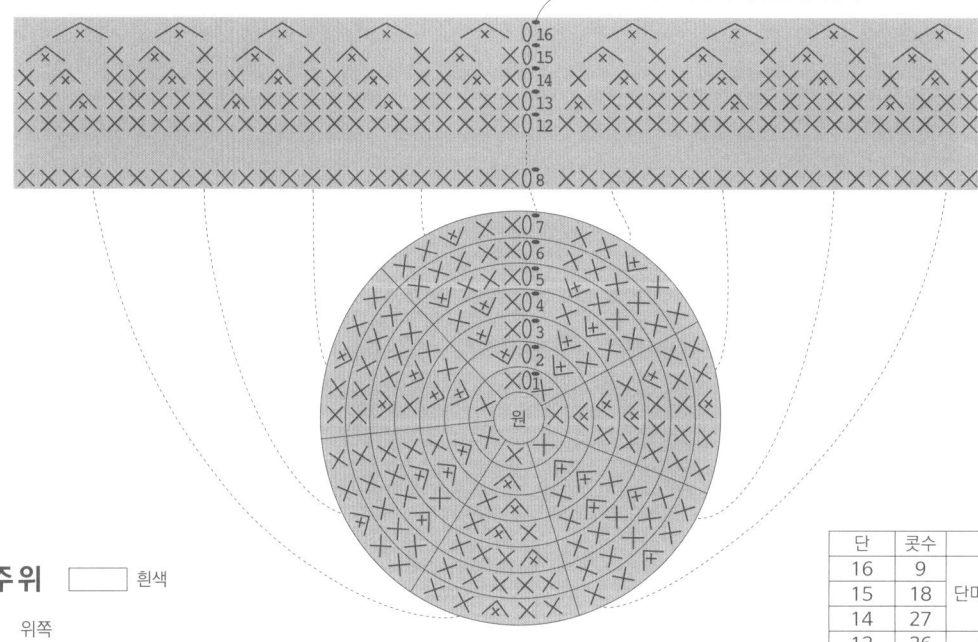

단	콧수	콧수 변동
16	9	
15	18	단마다 9코 줄이기
14	27	
13	36	6코 줄이기
8~12	42	변동 없음
7	42	7코 늘리기
6	35	변동 없음
5	35	
4	28	단마다 7코 늘리기
3	21	
2	14	
1	7	원형 시작코 안에 짧은뜨기

몸통　a=퍼플, b=핑크, c=그린, d=크림

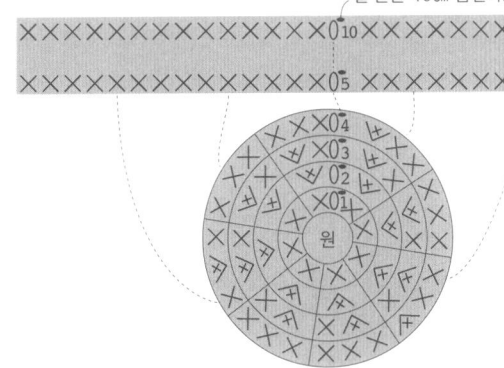

실 끝을 40㎝ 남긴다.

단	콧수	콧수 변동
5~10	27	변동 없음
4	27	3코 늘리기
3	24	단마다 8코 늘리기
2	16	
1	8	원형 시작코 안에 짧은뜨기

팔(2개)　a=퍼플, b=핑크, c=그린, d=크림 / 흰색

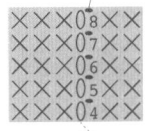

솜을 채운 뒤 조여서 막고, 실을 정리한다.

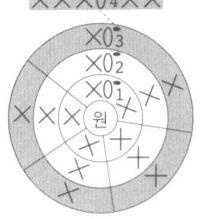

단	콧수	콧수 변동
2~8	5	변동 없음
1	5	원형 시작코 안에 짧은뜨기

다리(2개)　a=퍼플, b=핑크, c=그린, d=크림 / 흰색

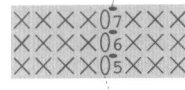

솜을 채운 뒤 조여서 막고, 실을 정리한다.

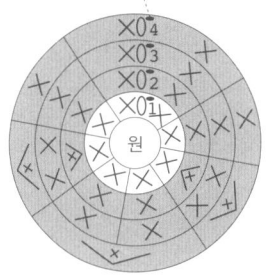

발쪽

단	콧수	콧수 변동
5~7	7	변동 없음
4	7	3코 줄이기
3	10	변동 없음
2	10	2코 늘리기
1	8	원형 시작코 안에 짧은뜨기

꼬리　a=퍼플, b=핑크, c=그린, d=크림

실 끝을 20㎝ 남긴다.

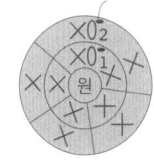

단	콧수	콧수 변동
2	5	변동 없음
1	5	원형 시작코 안에 짧은뜨기

귀(2개)　a=퍼플, b=핑크, c=그린, d=크림

위쪽

실끝을 20㎝ 남긴다.

마무리 방법

귀를 1/2로 접고, 5~7째단에 감침질로 붙인다.

9, 10째단 사이에 눈을 접착제로 붙인다.

키링으로 만드는 경우, 1째단에 오링을 단다.

9~11째단에 코 주위를 감침질로 붙인다.

1, 2째단 사이에 코를 접착제로 붙인다.

몸통의 9째단에 팔(7, 8째단 사이)을 실조인트로 연결한다.

몸통에 솜을 채우고, 머리의 14, 15째단 사이에 감침질로 붙인다.

몸통의 4째단에 다리(6, 7째단 사이)를 실조인트로 연결한다.

몸통의 4째단에 꼬리를 감침질로 붙인다.

코바늘 뜨기의 기초

실을 잡는 방법

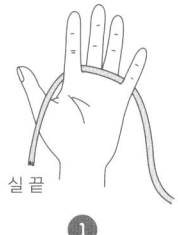
①
새끼손가락과 검지에 실을 건다.

②
엄지와 중지로 실 끝을 잡는다.

코바늘을 쥐는 방법

①
검지와 엄지로 코바늘 끝에서 3~4㎝ 정도 떨어진 부분을 잡는다.

②
중지로 받친다. 중지는 코바늘의 움직임을 돕고, 코바늘에 걸려 있는 실이나 코를 눌러주는 역할을 한다.

사슬뜨기 시작코

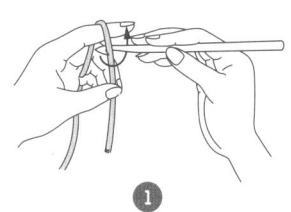
①
왼손에 건 실 뒤에 코바늘을 대고, 화살표 방향으로 코바늘 끝을 움직여서 실을 감는다.

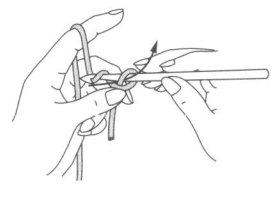
②
검지에 걸린 실을 코바늘에 걸어서 고리 사이로 빼낸 뒤, 실 끝을 당겨서 조인다.

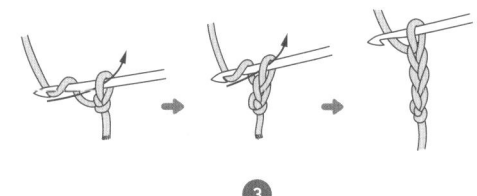
③
당겨서 조인 뒤, 계속해서 시작코를 만든다.

사슬코를 줍는 방법

기둥코 사슬 3코
받침코

뒷산을 줍는다.

※ 사슬코의 반대쪽을 주울 때는, 사슬코의 머리 사슬을 줍는다.

사슬뜨기로 원을 만드는 방법

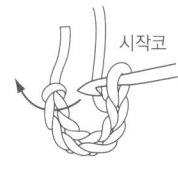
시작코
①
사슬뜨기로 시작코를 뜨고, 1번째 사슬에 코바늘을 넣는다.

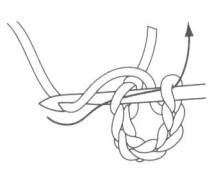
②
코바늘에 실을 걸고, 한꺼번에 빼낸다.

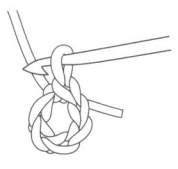
③

사슬뜨기

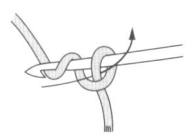
❶ 코바늘에 실을 걸어서 빼낸다.

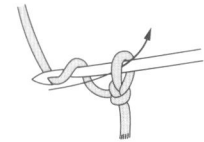
❷ 사슬뜨기 토대 완성. 코바늘에 실을 걸어서 빼낸다.

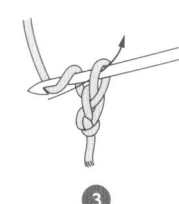
❸ 사슬뜨기 1코 완성. 코바늘에 실을 걸어서 빼내는 과정을 반복한다.

❹

빼뜨기

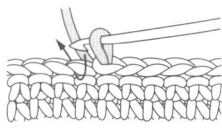
❶ 아랫단의 머리 사슬에 코바늘을 넣는다.

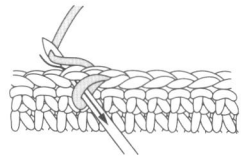
❷ 코바늘에 실을 걸어서 빼낸다.

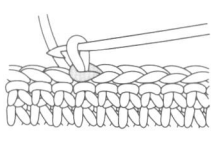
❸

짧은뜨기

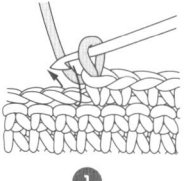
❶ 아랫단의 머리 사슬에 코바늘을 넣는다.

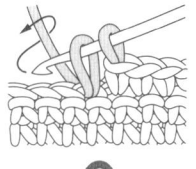
❷ 코바늘에 실을 걸어서 빼내면, 코바늘에 고리가 걸린다.

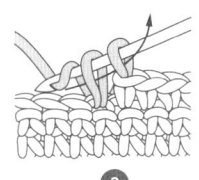
❸ 코바늘에 실을 걸고, 코바늘에 걸려 있는 2개의 고리 사이로 한꺼번에 빼낸다.

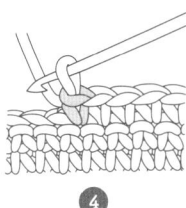
❹

긴뜨기

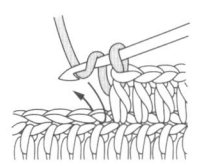
❶ 코바늘에 실을 걸고, 아랫단의 머리 사슬에 코바늘을 넣는다.

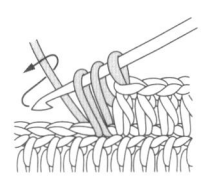
❷ 코바늘에 실을 걸어서 빼내면, 코바늘에 걸려 있는 고리가 총 3개가 된다.

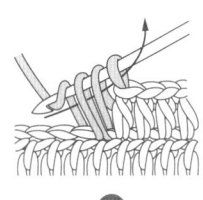
❸ 코바늘에 실을 걸고, 걸려 있는 3개의 고리 사이로 한꺼번에 빼낸다.

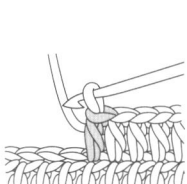
❹

1길긴뜨기

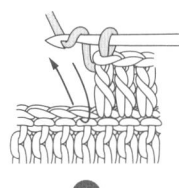
❶ 코바늘에 실을 걸고, 아랫단의 머리 사슬에 코바늘을 넣는다.

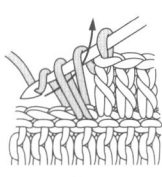
❷ 코바늘에 실을 걸어서 빼내면 코바늘에 걸려 있는 고리가 총 3개가 된다. 다시 코바늘에 실을 걸고, 왼쪽 2개의 고리 사이로 한꺼번에 빼낸다.

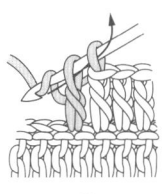
❸ 코바늘에 실을 걸고, 남아 있는 2개의 고리 사이로 한꺼번에 빼낸다.

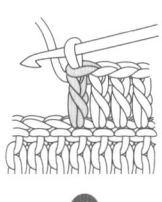
❹

짧은뜨기 2코 늘려뜨기

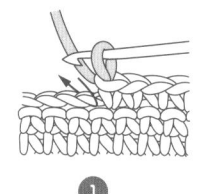 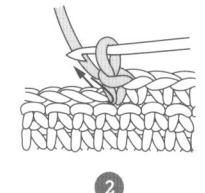 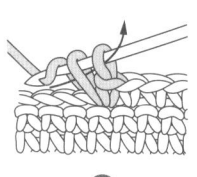 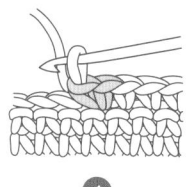

① ② ③ ④

아랫단의 1코에 짧은뜨기를 2코 뜬다.

짧은뜨기 3코 늘려뜨기

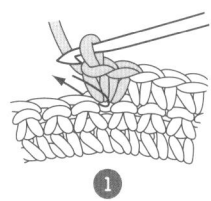 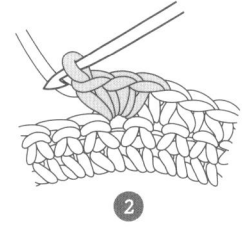 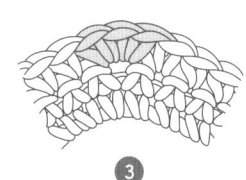

① ② ③

「짧은뜨기 2코 늘려뜨기」에서 짧은뜨기를 1코 더 뜬다.

짧은뜨기 변형 2코 모아뜨기

※ 콧수가 달라도 같은 방법으로 뜬다.

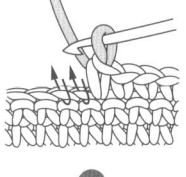 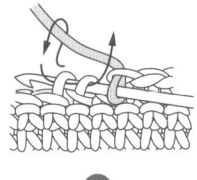 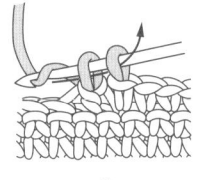 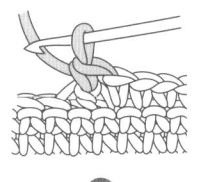

① ② ③ ④

아랫단 머리 사슬의 앞쪽 반 코와, 왼쪽 머리 사슬의 앞쪽 반 코에 코바늘을 넣는다.

코바늘에 실을 걸고, ①의 반 코 2개 사이로 빼낸다.

코바늘에 실을 걸고, 코바늘에 걸려 있는 2개의 고리 사이로 한꺼번에 빼낸다.

짧은뜨기 이랑뜨기

 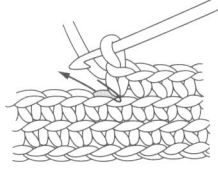

아랫단 머리 사슬의 뒤쪽 반 코에 코바늘을 넣어 짧은뜨기를 뜬다.

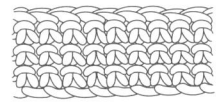

뒷면

1길긴뜨기 2코 늘려뜨기

※ 기호나 콧수가 달라도 같은 방법으로 뜬다.

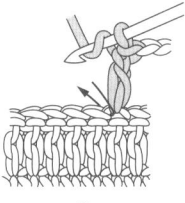 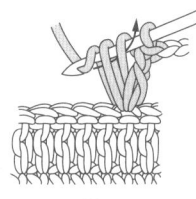 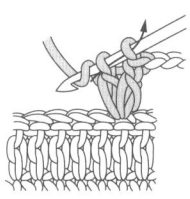 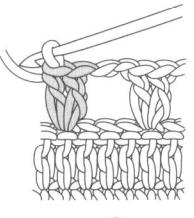

① ② ③ ④

아랫단의 1코에 1길긴뜨기 2코를 뜬다.

짧은뜨기 링뜨기

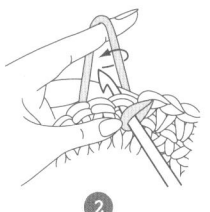
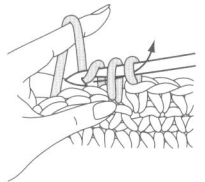

❶ 검지에 걸려 있는 실을 중지로 위에서 누른다.

❷ 아랫단의 머리 사슬에 코바늘을 넣고, 실을 걸어서 빼낸다.

❸ 코바늘에 실을 걸고, 걸려 있는 2개의 고리 사이로 한꺼번에 빼낸다. 중지를 뺀다.

뒷면

사슬 3코 피코뜨기

※ 사슬의 콧수가 달라도 같은 방법으로 뜬다.

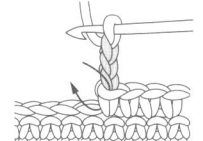 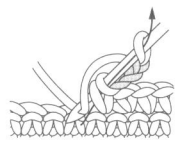 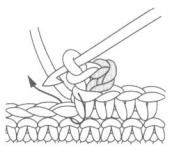 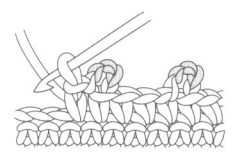

❶ 사슬뜨기 3코를 뜨고, 사슬뜨기를 뜬 짧은뜨기의 머리 사슬 반 코와 왼쪽 다리에 코바늘을 넣는다.

❷ 코바늘에 실을 걸어 한꺼번에 빼낸다.

❸ 다음 코(짧은뜨기)를 뜬다.

❹

1길긴뜨기 3코 구슬뜨기

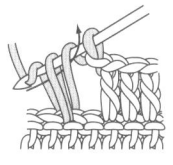 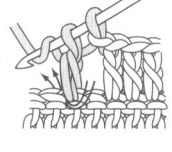  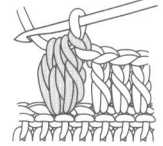

❶ ❷ ❸ ❹

아랫단 1코의 머리 사슬에 미완성 1길긴뜨기(마지막에 2개의 고리 사이로 한꺼번에 빼내기 직전 상태)를 3코 떠서 한꺼번에 빼낸다.

 와 차이점

아래쪽이 붙어 있는 경우
아랫단 1코의 머리 사슬에 모든 코를 뜬다. 아랫단이 사슬뜨기일 때는, 사슬 1가닥과 뒷산을 주워서 뜬다.

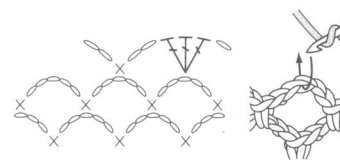

아래쪽이 떨어져 있는 경우
아랫단이 사슬뜨기일 때, 사슬 전체를 감아서 뜬다. 「다발로 줍기」라고도 한다.

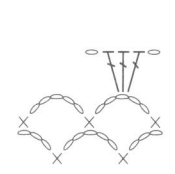 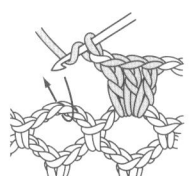

| 스트레이트 스티치 | 백 스티치 | 프렌치노트 스티치 | 체인 스티치 |

 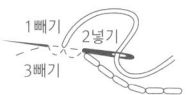 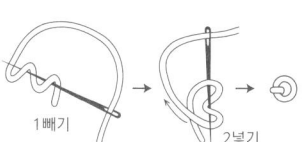 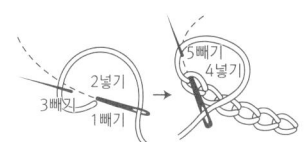

지은이 이치카와 미유키 *Miyuki Ichikawa*

손뜨개 인형 작가. 1998년에 뜨개를 배우고 1999년부터 작가 활동을 시작하였다. 수예 교본, 교재용 기초 기술을 토대로 한 작품 제안, 광고 매체 등 다양한 분야에서 활동하고 있다. 인형을 뜨는 즐거움을 전하기 위해 작가뿐 아니라 강사로도 활동 중이며, 일본 손뜨개인형협회 대표이사이다. 국내에 번역된 저서로 『처음 뜨는 손뜨개 인형』이 있다.
https://ichikawamiyuki.com

옮긴이 최유진

고려대학교 행정학 박사. 프리랜서 번역가. 바늘이야기 대바늘 이론 및 탑다운 과정 수료. 한 코를 뜨면 한 코가 생기는 뜨개의 정직함에 매료되어, 10년 이상 뜨개와 함께하고 있다. 일본 뜨개 책을 수없이 탐독한 경험을 바탕으로, 뜨개 전문 일본어 번역가로도 활동 중이다.

조인트로 완성하는
팔다리가 움직이는 귀여운 손뜨개 인형

펴낸이 유재영 | **펴낸곳** 그린홈 | **글쓴이** MIYUKI ICHIKAWA | **옮긴이** 최유진
편 집 박선희 | **디자인** 임수미

1판 1쇄 2025년 10월 15일
출판등록 1987년 11월 27일 제10-149
주소 04083 서울 마포구 토정로 53 (합정동)
전화 324-6130, 6131 **팩스** 324-6135

E 메일 dhsbook@hanmail.net
홈페이지 www.donghaksa.co.kr · www.green-home.co.kr
페이스북 www.facebook.com / greenhomecook
인스타그램 www.instagram.com/__greencook/

ISBN 978-89-7190-918-8 13590

- 이 책에 소개된 작품의 전부 또는 일부를 상품화하거나, 복제 배포 및 콩쿠르 등의 응모 작품으로 출품하는 것은 금지되어 있습니다.
- 잘못된 책은 구매처에서 교환하시고, 출판사 교환이 필요할 경우에는 사유를 적어 도서와 함께 위의 주소로 보내주세요.

JOINT ZUKAIDE TEASHI GA UGOKU AMIGURUMI by Miyuki Ichikawa
Copyright ⓒ 2024 Miyuki Ichikawa
All rights reserved.
Original Japanese edition published by EDUCATIONAL FOUNDATION BUNKA GAKUEN BUNKA PUBLISHING BUREAU
This Korean edition is published by arrangement with
EDUCATIONAL FOUNDATION BUNKA GAKUEN BUNKA PUBLISHING BUREAU, Tokyo
in care of Tuttle-Mori Agency, Inc., Tokyo, through ENTERS KOREA CO., LTD., Seoul.
Korean translation rights ⓒ 2025 by Donghak Publishing Co. Ltd.
이 책의 한국어판 저작권은 (주)엔터스코리아를 통해 저작권자와 독점 계약한 동학사(그린홈)에 있습니다.
저작권법에 의하여 한국 내에서 보호를 받는 저작물이므로, 무단전재와 무단복제, 광전자 매체 수록 등을 금합니다.

일본어판 스태프
디자인_ 小池佳代 / 촬영_ 奥川純一 / 과정촬영_ 安田如水(BUNKA PUBLISHING BUREAU) / 제작협력_ 稲場たか子
일러스트_ 小池百合穂 / 교열_ 向井雅子 / 편집_ 矢口佳那子, 三角紗綾子(BUNKA PUBLISHING BUREAU) / 발행인_ 清木孝悦